MON FRÈRE, LE DJIHAD,
DAECH ET MOI

MAGALI SERRE ET FATMA A.

MON FRÈRE, LE DJIHAD, DAECH ET MOI

ÉDITIONS DU SEUIL
*57, rue Gaston-Tessier, Paris XIXe*

ISBN 978-2-02-156360-3

www.seuil.com

À Simon Fieschi

Préface

C'est un ensemble d'immeubles HLM de neuf étages situé rue de la Moselle, dans le 19e arrondissement de Paris, à quelques pas du canal de l'Ourcq bordé aujourd'hui de bars et de restaurants depuis la gentrification du quartier et l'aménagement des berges pour accueillir Paris Plages. C'est là que, en septembre 2005, j'ai sonné sur le bouton de l'interphone au nom de « el Hakim », le nom de famille d'un jeune Franco-Tunisien impliqué dans une filière d'acheminement de combattants djihadistes en Irak sur laquelle j'enquêtais en tant que journaliste.

Boubaker el Hakim était considéré comme l'un des piliers de ce réseau, constitué d'une quinzaine de personnes et surnommé « la filière des Buttes-Chaumont ». Il était en prison, en attente de son procès ; j'espérais interviewer sa mère ou un membre de sa famille résidant à cette adresse. Personne n'avait répondu.

Peut-être ce jour-là aurais-je pu entrer dans la cour de l'immeuble et entrevoir, sur l'un des balcons de la résidence, une jeune fille de 13 ans revêtue d'un voile intégral qui vivait cloîtrée avec sa famille : Fatma, la demi-sœur cadette de Boubaker el Hakim.

Une ombre noire à laquelle policiers et agents des renseignements faisaient à peine allusion dans leurs procès-verbaux d'interrogatoires et de surveillance. Elle était considérée comme une figurante dans le paysage salafo-djihadiste du quartier ; tout au plus une victime consentante de son demi-frère et de sa mère, engagés dans un processus de radicalisation religieuse dont les mécanismes étaient encore mal identifiés. Personne ne percevait alors Fatma comme une enfant qu'il aurait fallu extraire d'un milieu familial toxique et dangereux.

En ce début des années 2000 en France, le phénomène djihadiste était appréhendé comme une démarche individuelle de quelques individus – masculins pour la plupart – triés sur le volet par l'organisation terroriste Al-Qaïda. L'idéologie gagnait pourtant au sein de familles entières ; un seul membre – Boubaker el Hakim ou, à la même période, les frères Clain[1] à Toulouse – convertissait à sa cause frères, mères, sœurs, épouses et beaux-frères qui rejoindraient pour certains dix ans plus tard l'État islamique en Syrie.

1. Fabien et Jean-Michel Clain, les voix de la revendication des tueries du 13 novembre 2015 à Paris et Saint-Denis.

Près de vingt ans ont passé, la filière des Buttes-Chaumont a fourni son contingent de terroristes, tel Chérif Kouachi, auteur, avec son frère Saïd, de l'attentat contre la rédaction de *Charlie Hebdo* en janvier 2015, ou Peter Cherif, membre d'Al-Qaïda en Irak puis au Yémen, soupçonné d'avoir supervisé l'attaque du journal satirique. Quant à Boubaker el Hakim, il a connu l'itinéraire d'un vétéran du djihad, semant assassinats et attentats meurtriers jusqu'à devenir le plus haut cadre français de Daech.

J'ai retrouvé la trace de sa sœur, Fatma. Elle s'était exprimée pour la première fois dans un podcast[1] réalisé par la journaliste Céline Martelet. Loin de Paris et du 19e arrondissement, j'ai sonné à l'interphone de son immeuble. Elle m'a ouvert la porte, cette fois nous avions rendez-vous.

Fatma n'est plus une ombre noire soumise à son demi-frère, elle est une femme pleine d'humour, lumineuse. Une dissidente au regard du parcours de ses proches. Son destin chaotique croise sans jamais s'y mêler un pan de l'histoire du terrorisme depuis la fin des années 1990.

Dès notre première rencontre, l'idée de ce livre s'est imposée comme une évidence. Fatma voulait raconter ce qu'elle a vécu pour mieux s'en détacher,

1. « 75019 Daech », de Céline Martelet. Podcast produit par Paradiso Media.

vivre librement, loin des violences infligées par son demi-frère et de l'idéologie djihadiste qui a happé les siens, des traumatismes dans lesquels elle aurait pu sombrer. Son instinct la porte à se livrer sans filtre, ce même instinct qui lui a permis de survivre, n'éludant aucune contradiction, aucune lâcheté ou renoncement.

Son récit est précieux, il traite de l'intime, de la famille, cet angle mort du phénomène djihadiste. Il éclaire sur la place et le rôle des femmes ; ces mères, épouses, sœurs de terroristes, qui se sont ralliées à leur cause, par conviction, obligation ou résignation.

Celles qui, comme Fatma, ont résisté et fui leur milieu familial pour ne pas disparaître à leurs propres yeux s'expriment très peu publiquement. La peur des représailles, la crainte de ranimer un passé douloureux avec lequel elles ont rompu. Oui, il en faut du courage pour ne pas se taire. Parler, c'est aussi risquer de se retrouver à nouveau associées à ce milieu djihadiste dont elles ont eu tant de mal à s'extraire.

Alors, écoutons Fatma.

CHAPITRE 1

Gav 1

Je flotte, soulevée par des bras anonymes, suspendue un instant au-dessus du canapé, encore dans mon sommeil. Je n'ai aucune idée de l'heure, je me suis endormie tard hier soir après avoir fumé un narguilé devant la télé. Est-ce que je rêve ?

Brutalement, je retombe sur le ventre, plaquée au sol, je sens le froid du métal des menottes qui se referment sur mes poignets. Les cris de mes colocataires parviennent à mon cerveau embrumé, puis le claquement des portes, les ordres proférés par des voix inconnues. C'est un cauchemar ? À nouveau, les bras me saisissent et me transportent tel un paquet sur le même canapé où ils m'assoient sans ménagement. J'ouvre les yeux.

Une dizaine de policiers habillés de noir, cagoulés et armés, ont envahi mon appartement et en fouillent les moindres recoins. La porte d'entrée, blindée, gît sur le sol, je réalise que je ne l'ai pas entendue céder sous les coups de bélier.

Instinctivement, je hurle : « Pourquoi êtes-vous là, qu'est-ce que j'ai fait ? Pourquoi moi ? » Indifférents à mes protestations, ils ne me jettent pas un regard.

Il est à peine 6 heures du matin ce 6 décembre 2016, mes idées se télescopent. J'ai 26 ans, je suis née en France, je travaille au rayon boulangerie d'un supermarché du 16e arrondissement de Paris, je n'ai rien à me reprocher, rien.

En pyjama, les mains menottées dans le dos sous la surveillance de policiers armés jusqu'aux dents, je pense à lui, je l'ai à l'esprit depuis la première seconde de mon réveil en fanfare.

Un homme assis non loin de moi, le seul à ne pas porter de cagoule, plonge son regard dans le mien, il m'inspire confiance au milieu du chaos de mon salon. Il tient un dossier entre les mains qu'il feuillette, j'aperçois furtivement la photo noir et blanc de ma sœur aînée, Yasmina. Mon pressentiment se confirme.

« Madame Fatma A., vous êtes placée en garde à vue pour association de malfaiteurs à caractère terroriste. »

Ses mots claquent comme une condamnation, je m'enfonce dans le fauteuil. Mon frère Boubaker a encore braqué ma vie.

Ce n'est plus la peine de protester, ça ne servira à rien, mon destin est scellé. Je suis la sœur de Boubaker el Hakim, personnage clé de la filière des Buttes-Chaumont au début des années 2000 à Paris. L'un des terroristes djihadistes les plus recherchés au monde, le plus haut cadre français de l'État islamique en Syrie et au Levant, la terreur en personne. Alors qu'importe pour ces policiers si ce frère haï me ruine l'existence depuis ma plus tendre enfance, me hante, me poursuit telle une malédiction, ce jour-là, je n'ai guère de doute, je vais payer pour lui.

La perquisition se termine, une femme m'encourage à prendre quelques affaires avec moi, un manteau, il fait froid, trois ou quatre changes… Comment ça, trois ou quatre ? On m'emmène où ? Pour combien de temps ?

L'immeuble bruisse des murmures réprobateurs des voisins sur leur palier, dehors tout le quartier est bouclé. Les policiers me maintiennent la tête en bas et me guident, menottée, vers la sortie, je croise de biais le regard d'un enfant sur sa trottinette avant qu'ils m'embarquent à l'arrière de l'une de leurs voitures. Il se vantera certainement auprès de ses copains d'avoir croisé la plus grande terroriste de France.

Au milieu de la banquette, encadrée par deux agents sur le qui-vive, armes au poing, j'aperçois Paris défiler toutes sirènes hurlantes. Le dispositif policier déployé en mon honneur est impressionnant, pensent-ils vraiment que Daech va attaquer le convoi pour me libérer ? L'idée est si grotesque, je parviens presque à en sourire. Jamais mon frère ne tentera quoi que ce soit pour m'aider.

Nous traversons le périphérique, l'un des policiers m'enfile un sac en papier sur la tête. Je ne vois plus, mais je sens la voiture s'engouffrer dans un immeuble puis descendre en tournant, encore et encore, pour finalement s'arrêter. Le policier m'ôte le sac, nous sommes dans les sous-sols du siège de la DGSI, les services de renseignement intérieur français.

Une cellule sans fenêtres, éclairée par des néons blancs, m'attend. Des toilettes en inox, un lit rivé au sol pour éviter toute tentative de suicide, une trappe par laquelle on m'introduit une gamelle, conçue pour que je ne puisse pas me saisir du bras qui me la sert. Ce dernier détail me plonge dans une angoisse profonde : les meilleurs enquêteurs de France pensent donc que je suis capable de tuer.

Cela peut paraître ridicule, mais à cet instant j'en suis persuadée : je ne ressortirai plus jamais. Qui pourrait m'aider ?

Je n'ai personne à Paris, mon mari, dont je suis séparée et en très mauvais termes, est en Tunisie avec mes deux enfants que j'essaie depuis des mois de rapatrier en France. Ma sœur aînée est en garde à vue dans les mêmes locaux que moi, j'ai lu son nom sur un tableau blanc accroché dans le bureau des entrées. Ma mère et mon frère Ali[1] sont à Raqqa, en Syrie, ils ont rejoint l'État islamique dans les pas de Boubaker. Mon père ? Je n'ai pratiquement aucune nouvelle, il vit depuis des années en Tunisie.

1. Les prénoms ont été modifiés par souci de sécurité et de respect de la vie privée, à l'exception des personnes décédées ou dont les noms ont été largement diffusés dans la presse.

Nul ne sait que je suis là, nul ne préviendra un avocat. Je m'effondre sur le lit et je pleure comme une enfant.

« Nom, prénom, lieu de naissance. » L'homme assis il y a quelques heures dans mon salon entame mon audition.

Mes souvenirs de ces quatre jours passés face à lui dans un bureau aveugle aux murs blancs, ponctués par les retours dans ma cellule, les rares moments de sommeil et les crises de panique, sont parcellaires. Il ne me reste que des flashs, conséquence peut-être du traumatisme subi par cette entreprise de destruction psychologique conçue pour instiller la peur et obtenir mes aveux.

Mon confesseur n'est pas méchant, ni violent, il ne hausse jamais la voix, il m'accompagne, m'encourage, m'aide à fouiller ma mémoire à la recherche du moindre détail. « Reprenez calmement, respirez, nous avons tout notre temps », me rassure-t-il régulièrement.

Emportée par des vagues de sanglots et d'effroi, je ne veux rien lui cacher, et même si je le souhaitais, je n'en ai pas la force. Je plonge dans mon passé, je remue, j'extrais et je vomis tout cela dans le désordre, les larmes et la colère.

Il saura tout, y compris la vérité que je me cachais jusqu'alors. Le voile intégral à 11 ans imposé par mon frère, ma déscolarisation sans qu'aucun service social s'en émeuve. Les coups, les menaces, mon mariage forcé organisé par Boubaker depuis sa cellule de la prison de Villepinte. Ma séquestration en plein Paris par mon « mari », un djihadiste dont l'énoncé même du nom provoque la surprise de mon interlocuteur, les viols, ma fuite…

Ce policier de la DGSI pense avoir devant lui la sœur du djihadiste Boubaker el Hakim, cette jeune femme qui, comme le reste de sa famille, aurait fait allégeance à ses idées totalitaires et à ses projets mortifères.

Au bout de mes quatre-vingt-seize heures de garde à vue, j'ai l'espoir qu'il comprendra. Il a devant lui Fatma, une femme qui a résisté seule à son terroriste de frère.

CHAPITRE 2

Photo de famille

En quoi suis-je si différente de Boubaker, de mes frères, de ma sœur, de ma mère ? Quelles ressources ai-je trouvées en moi pour emprunter un autre chemin ?

Il n'est pas un jour où je ne me pose ces questions. Je fouille compulsivement les tiroirs de ma mémoire d'où j'extrais les photos d'« avant », celles qu'il me reste, prises à une époque où ma mère organisait des dîners avec des amis, hommes et femmes réunis, où l'alcool circulait lors des mariages de nos proches, où Boubaker posait, droit et souriant, au milieu de la cour de son collège, aux côtés d'autres élèves.

Il me reste si peu de traces matérielles de cette vie, Boubaker a méticuleusement déchiré puis détruit pratiquement toutes ces photos où il apparaissait, en particulier celles capturées devant le sapin de Noël. Cet arbre aux guirlandes lumineuses autour duquel nous affichions nos joies enfantines était devenu pour lui *haram*[1], symbole de mécréance et de perdition. À croire que seul son dieu devait éclairer son existence et s'imposer aux nôtres.

Oui, lorsque je nais en 1991 à Paris, dernière d'une fratrie de cinq enfants issus de trois pères différents, l'idéologie djihadiste ne nous a pas encore happés, nous fêtons Noël dans notre minuscule appartement du 12e arrondissement.

Chaque année, ma mère nous habille pour l'occasion : je porte une jolie robe et des chaussures vernies, mes frères, des chemises soigneusement repassées. Jamais elle n'a eu l'idée que cette célébration, destinée à nous gâter de cadeaux et de sucreries, puisse s'opposer à notre croyance en l'islam.

Elle nous élève seule dans une pauvreté dont je n'ai alors pas conscience. Dans le salon, la chambre et la cuisine de ce logement insalubre, nous nous organisons comme nous pouvons pour dormir : Ali, ma mère et moi sur des matelas à même le sol qu'elle installe le soir à l'heure du coucher, Boubaker et Redouane, les garçons les plus âgés, se partagent la chambre sur des lits superposés. L'appartement est infesté de cafards ; à quatre pattes, je joue avec eux pour passer le temps.

Ma mère, Habiba, a échoué dans cet appartement aux murs rongés par l'humidité après avoir suivi le

1. Mot arabe ayant le sens d'interdiction (interdit, illégal, illicite) ou de sacré.

parcours chaotique d'une immigrée fuyant la misère sans jamais s'en défaire.

Elle était originaire du nord de la Tunisie, d'une famille dénuée de tendresse dont le père, très autoritaire, imposait le silence à chacun de ses membres.

Ses deux frères s'étaient engagés très jeunes dans le parti d'opposition islamiste Ennahdha, ce qui leur valut des années de prison sous le régime dictatorial de Ben Ali. Habiba et ses deux sœurs ont fui ce milieu dès qu'elles ont pu, multipliant les petits boulots de cuisinière et de femme de ménage, jusqu'à ce qu'elles soient engagées toutes trois comme domestiques par Wassila Bourguiba, la femme du président.

C'est durant cette période que ma mère a connu son premier amour, un étudiant avec qui elle s'est mariée civilement. Ils eurent une petite fille, morte à sa naissance. Deux ans plus tard, elle divorçait. Ce drame a certainement pesé sur le parcours heurté qu'elle a suivi par la suite.

Alors qu'elle accompagnait Wassila Bourguiba en voyage à Paris, ma mère a décidé de rester illégalement en France. Là, elle s'est mariée à nouveau, à trois reprises, avec des hommes plus âgés qu'elle a rencontrés à la mosquée et avec qui elle est restée le temps d'accoucher de cinq autres enfants. Des mariages religieux uniquement, guidés par la nécessité de se sortir de sa galère de femme sans papier, de ne pas vivre dans la rue ou de crever de faim.

Avec son deuxième mari, un homme déjà marié et père de famille en Tunisie, elle a eu ma sœur, Yasmina. Il ne l'a jamais reconnue et l'a abandonnée à la première occasion. Yasmina en a gardé une frustration amère, un sentiment d'injustice à l'égard de nous, ses cadets, et un énorme besoin d'affection et de reconnaissance vis-à-vis de ma mère.

Puis vint rapidement le troisième mari d'Habiba, le père de Boubaker et de Redouane, un Tunisien déjà âgé à la petite barbe blanche et aux yeux bleus. Un bel homme, pourrait-on dire, un vieillard irascible et jaloux aussi. Avec lui, ma mère vivait recluse dans une chambre de bonne délabrée et sans fenêtres.

Il n'acceptait pas la présence de Yasmina, lui interdisait d'approcher ses deux fils. Après une scène de ménage particulièrement violente, ma mère s'est retrouvée à la rue avec mes trois frères et sœur. Ils ont été logés ponctuellement dans des hôtels miteux, partageant la soupe populaire des SDF et dormant parfois dehors alors que Redouane ne marchait pas encore.

C'est dans cette situation de dénuement qu'elle a rencontré mon père et celui d'Ali, son quatrième époux, à la mosquée Omar de la rue Jean-Pierre-Timbaud dans le 11e arrondissement. Je l'apprendrai plus tard, cette salle de prière est restée dans les mémoires comme le bastion parisien de l'islam radical. Boualem Bensaïd, l'un des organisateurs de l'attentat de Saint-Michel en 1995, s'y rendait régulièrement.

Au cœur de Belleville, entourée de boutiques halal, de librairies spécialisées dans la vente de littérature intégriste et de vêtements religieux tels que les *niqabs* et autres voiles intégraux, la salle de prière était, début 2000, le QG des réseaux terroristes organisant des départs vers l'Afghanistan ou fomentant des attentats, vite déjoués par les services de renseignement. Depuis l'expulsion du territoire français de son imam tunisien, Mohammed Hammami, accusé d'avoir « valorisé le djihad violent, proféré des propos antisémites et justifié le recours à la violence et aux châtiments corporels contre les femmes[1] », la mosquée Omar a retrouvé un quotidien paisible. En 2015, après les attentats terroristes de *Charlie Hebdo* et de l'Hypercasher, elle affichait sur sa façade : « Not in my name[2]. »

Au début des années 1990, mon père était un proche de l'imam Hammami, ils étaient tous deux adeptes du Tabligh, un mouvement de prédication en pleine expansion qui prône une pratique rigoriste de l'islam. Mon père avait vingt ans de plus que ma mère, il était déjà marié en Tunisie et avait d'autres enfants, tous adultes, deux d'entre eux suivaient des études islamiques au Pakistan. À Paris, il ne souhaitait pas s'embarrasser d'enfants et encore moins de pourvoir à nos besoins. Il vivait pourtant confortablement dans le

1. Communiqué de presse du ministre de l'Intérieur, mercredi 31 octobre 2012.

2. « Pas en mon nom ».

11e arrondissement, propriétaire de plusieurs boucheries halal. Il se sépara très vite de ma mère tout en acceptant de temps à autre de nous garder mon frère et moi.

À cette époque, je ne suis qu'une toute petite fille, je l'adore, il m'emmène parfois assister à la prière. Dans la mosquée, de par mon jeune âge, je suis autorisée à suivre mon père du côté des hommes, je cours dans tous les sens sous les yeux amusés des fidèles. Il m'a inscrite à des cours d'arabe, je n'y apprends absolument rien, préférant m'égayer avec les autres enfants, loin des cafards de mon domicile exigu.

Malgré nos conditions difficiles, j'ai un bon souvenir de ces premières années de ma vie. J'ai l'amour de mes parents, je joue dans la petite cour pavée de notre immeuble pendant que Boubaker et Redouane parcourent le quartier en patins à roulettes. Ma sœur Yasmina a, quant à elle, demandé à être placée dans un foyer, ses relations avec ma mère sont violentes et compliquées, elles le resteront.

Accompagnée de mon frère Ali, je passe aussi du temps chez mon père à regarder des dessins animés. Il me donne toujours un biberon de lait, il est très drôle et provoque nos éclats de rire avec sa grosse barbe, même si parfois il part à notre poursuite avec un bâton pour nous corriger.

À la maison, nous n'avons pas grand-chose, pour autant ma mère accueille toutes les personnes en difficulté qu'elle croise, qui n'ont nulle part où dormir ou qui ont besoin d'un repas. La porte est grande ouverte. Elle a été hospitalière sa vie durant, peut-être parce qu'elle s'est elle-même retrouvée au cours de sa jeunesse dans une profonde précarité. Peut-être aussi parce qu'elle a une peur maladive de la solitude.

Habiba est alors une belle femme avec de grands yeux rieurs en amande, des cheveux noirs très lisses et des épaules carrées. Vue de l'extérieur, elle n'a peur de rien ni de personne. Elle a une grande gueule, ma mère, au point qu'un jour, après une dispute avec mon père qui est venu me chercher, elle le suit jusqu'à sa voiture et, de colère, casse une des vitres de ses poings.

Elle est comme ça, directe, comme un « bonhomme ». Cette force affichée ne suffit pas pour autant à masquer sa grande dépendance affective qui l'a menée à épouser trois hommes uniquement par instinct de survie.

Était-elle religieuse ? Mes souvenirs sont vagues, je suis en revanche certaine qu'elle ne portait pas le voile lorsque nous habitions seuls avec elle. Habiba pratiquait l'islam quand ça l'arrangeait, elle revêtait son *hidjab*[1] à la mosquée le temps de rencontrer ses trois maris, elle priait quand ça allait mal et qu'elle avait besoin de conjurer le sort. Si ses demandes avaient une chance d'être entendues, pourquoi s'en priver ?

Quand je repense à mes plus jeunes années, bizarrement, je ne me souviens que très peu d'Ali, de

1. Un voile couvrant les cheveux, mais laissant le visage apparent.

Yasmina, de Redouane… Ils sont comme des présences lointaines, les figurants d'un film dont l'acteur principal, Boubaker, occupe le centre de l'écran.

L'un des premiers souvenirs que j'ai de ce dernier, c'est à l'école maternelle. Je joue dans la cour et je l'aperçois derrière le grillage en train de m'observer, de me surveiller.

Il est mon aîné de huit ans, il est tel un tableau noir sur lequel on ne peut rien lire, insondable jusque dans ses yeux sombres en amande de type asiatique qu'il tient de ma mère. De petite taille, musclé et nerveux, il ne sourit pratiquement jamais. À la maison, il nous terrorise, aucun d'entre nous n'ose accrocher son regard de peur de déclencher sa fureur. Il nous frappe indistinctement malgré les efforts de Redouane, de deux ans son cadet, pour nous défendre.

Boubaker a cette haine, cette rage qui dépasse toute tentative de lui résister. Il est pourtant le préféré de ma mère, elle dépense beaucoup pour lui en vêtements de marque, sous prétexte qu'elle souhaite qu'il ne manque de rien et ne devienne pas l'un de ces petits délinquants de la porte de Charenton.

Ma mère est alors très entourée, y compris par des amis masculins, elle parvient à imposer son autorité à son fils imprévisible et violent mais, somme toute, à peine adolescent. Je ne me doute pas, moi qui vis encore accrochée à ses jupes, que demain elle se pliera à la volonté de Boubaker, sacrifiera mon enfance afin de plaire à ce fils adoré.

CHAPITRE 3

75019

« J'ai une surprise pour toi ! »

J'ai 5 ans, ma mère cache mal son excitation en se recoiffant dans le hall d'immeuble de mon père où elle est venue me chercher pour me ramener à la maison. Nous nous engouffrons dans le métro, je ne reconnais pas le chemin que nous empruntons habituellement. Soudain, nous descendons à la station Laumière, dans le 19e arrondissement. Elle me guide jusque dans une petite cité, rue de la Moselle, à deux pas du canal de l'Ourcq et non loin du parc des Buttes-Chaumont. Je découvre, au deuxième étage d'un immeuble HLM, un appartement de cent mètres carrés, avec un balcon, une grande cuisine, trois chambres.

« C'est notre nouvelle maison », me dit ma mère, ravie de mon émerveillement.

C'est si grand, si lumineux, si propre, je n'ai jamais rien vu d'aussi beau. Boubaker a déjà récupéré la plus grande chambre, celle qui donne sur le balcon, je me mets à gambader dans chaque pièce, poursuivie par Redouane et Ali, heureux comme moi de découvrir cet espace rien qu'à nous, de tester l'épaisse moquette sous nos pieds nus. Nous sommes si excités de passer notre première nuit dans cet appartement que ce n'est que le lendemain matin que nous réalisons dans des éclats de rire que nous avons dormi la porte d'entrée grande ouverte, nous avions oublié de la fermer.

Ce nouveau logement n'a pas que des qualités. Jusqu'à ce jour, nous habitions dans un quartier plutôt paisible, désormais nous sommes au cœur de l'un des plus gros points de deal de cannabis de Paris, la police hésite même à patrouiller dans notre rue.

Nous découvrons les règles de la cité auxquelles Boubaker n'a aucun mal à s'adapter, il obtient très rapidement le respect des jeunes du coin, ce qui nous assure une certaine tranquillité, mes frères et moi. Je ne suis plus Fatma, je suis la sœur de Boubaker. Il en sera ainsi jusqu'à aujourd'hui, quand je retourne dans le quartier et croise d'anciennes connaissances.

À la même période, mon père décide soudainement de partir s'installer au Maroc pour se marier avec une femme beaucoup plus jeune que lui. Je ressens ce départ comme un abandon, sa figure paternelle me manque, même s'il ne s'occupait guère d'Ali et de moi.

Je prends conscience que Boubaker est le seul « homme » de la maison à ne pas nous avoir quittés. Mes sentiments à son égard sont contradictoires et ambigus, ils le seront durant toute ma jeunesse auprès de lui. Mon frère à l'assurance inébranlable est à la fois ce protecteur à l'égard du monde extérieur, ce pilier du foyer, mais aussi cet être despotique et tyrannique au regard de qui je ne suis que quantité négligeable.

À partir de notre déménagement dans le 19e arrondissement, j'assiste, sans comprendre ce qui se joue, à la prise de pouvoir de Boubaker sur l'ensemble de la famille. Ma mère, fatiguée par la vie qu'elle a menée jusqu'alors, décrète que mon frère aîné est désormais responsable de nous. Rétrospectivement, je ne comprends pas comment elle a pu prendre une telle décision. Boubaker a 14 ans, il n'a absolument pas la maturité pour se positionner comme chef de famille. Ma sœur Yasmina, qui a deux ans de plus, ne supporte pas le nouveau statut de notre frère lorsqu'elle nous rend visite le week-end ou pendant les vacances, d'autant qu'il en abuse largement, lui interdisant de sortir, l'obligeant à toutes les corvées ménagères avec l'assentiment de ma mère.

Boubaker est, certes, très jeune, mais sa sourde détermination lui confère une aura naturelle dans le quartier ; il se joint aux groupes d'adolescents dont certains sont des dealers notoires. Ma mère, elle, est coupée de ses anciennes connaissances désormais à l'autre bout de Paris. Autour de nous, la plupart des habitants sont musulmans, ce qui n'était pas le cas auparavant.

Sa personnalité joyeuse et avenante lui permet de se lier d'amitié avec quelques voisines dont les enfants deviennent aussi nos proches. Nous formons une petite communauté qui s'entraide, partage le peu qu'elle a. Ces relations amicales seront par la suite utilisées par mon frère pour étendre son influence autour de nous.

C'est dans ce contexte que je rentre en classe de CP en septembre 1997, à quelques rues de notre appartement.

Je découvre l'école primaire, je l'adore immédiatement : les leçons, la maîtresse, les copains, les copines, tout.

Je découvre aussi avec tristesse que ma mère se désintéresse totalement de ma scolarité. Elle n'assistera jamais à un conseil de classe, ne m'accompagnera jamais à l'école ni ne viendra me chercher. Je ne me souviens pas qu'elle m'ait demandé une seule fois si j'avais fait mes devoirs ou si les cours s'étaient bien passés. Je regarde les parents de mes camarades venir les chercher à la sortie des classes et je comprends que ma famille est différente.

Toute l'attention de ma mère est tournée vers Boubaker, dont les accès de violence se concentrent sur notre frère Redouane.

Celui-ci ressemble physiquement à Boubaker, mais son caractère est à l'extrême inverse : il est d'une nature calme et douce. Il n'hésite pas pour autant à tenir tête à notre frère aîné, même s'il se refuse toujours à lever la main sur lui. Depuis que tous deux s'entraînent au même club de boxe, Redouane se révèle physiquement plus fort que Boubaker. Ce dernier est fou de rage, son autorité est à ses yeux menacée. Il lui cherche continuellement querelle, à tel point qu'un jour, sous les yeux de ma mère, il menace de le tuer avec un couteau de cuisine.

Afin de protéger Redouane, ma mère décide donc en urgence d'éloigner Boubaker de Paris et de l'envoyer en Tunisie, au « bled », dans la famille de son frère.

Tout au long de ce séjour qui durera huit mois, Boubaker se révèle à nouveau ingérable. Il multiplie les mauvaises fréquentations et se retrouve impliqué dans une bagarre au cours de laquelle il blesse un jeune garçon dont les parents portent plainte. Mon oncle jette l'éponge, il l'envoie chez un autre oncle qui, à son tour, se plaint de ce neveu violent et irrespectueux.

Le séjour de Boubaker en Tunisie est un échec, ma mère décide d'aller le chercher à l'occasion des vacances d'été. Nous partons tous avec elle, à l'exception de ma sœur aînée Yasmina, toujours en conflit avec Boubaker.

Ma mère a loué un appartement à Nabeul, une ville touristique au bord de la mer. Ce sont les premières vacances de ma vie et les seules que je connaîtrai à ses côtés.

Durant cet été 1998, nous profitons de la plage, de la piscine, ce serait un paradis si ce n'est que Boubaker joue les caïds et impose ses caprices à notre maisonnée.

Ma mère, comme à son habitude, lie connaissance avec les voisins, les invite régulièrement à partager nos repas. Par générosité, elle dépense sans compter et dilapide toutes les économies qu'elle a accumulées grâce aux gardes d'enfants et aux ménages réalisés durant l'année.

À notre retour à Paris en septembre, après cette parenthèse enchantée, je prends conscience pour la première fois que nous sommes pauvres. L'électricité a été coupée pendant notre absence, je dois faire mes devoirs à la bougie, nous n'avons pas de quoi payer les factures et le frigo est vide. Dès le début du ramadan, en décembre, nous allons chaque soir près du métro Crimée pour bénéficier d'un repas chaud offert par l'association « La Chorba pour tous », c'est souvent notre seul repas de la journée.

Ce retour brutal à la réalité est très mal vécu par ma mère. Comme à chaque fois qu'elle se retrouve en galère, elle renoue avec la religion, se couvre la tête d'un foulard et retourne à la mosquée. Cet hiver-là, son autorité vacille un peu plus face à Boubaker.

Je ne compte plus les descentes de police à la maison pour arrêter mon frère mêlé aux activités de ses copains du quartier. Boubaker n'est jamais dans sa chambre, à croire qu'il a un sixième sens pour éviter les arrestations, je ne le verrai jamais menotté. Faute de le trouver à notre domicile, les agents tentent d'embarquer Redouane, ma mère doit leur expliquer, dans les cris et les larmes, carte d'identité à l'appui, qu'ils se trompent entre ses deux fils.

Au fil du temps, les perquisitions au petit matin deviennent notre quotidien, ma mère ouvre la porte aux policiers et retourne sur le canapé. Blasée, je les croise dans le couloir fouillant l'appartement, puis je prends le chemin de l'école. À peine dans la rue, je les ai déjà oubliés, je retourne à mes occupations de petite fille. En cette fin des années 1990, j'ai encore le droit d'être une enfant, loin des préoccupations des adultes.

CHAPITRE 4

Mon frère, Boubaker

Depuis plusieurs jours, nous assistons impuissants devant notre écran de télévision à la seconde intifada[1] déclenchée dans les territoires occupés. Boubaker bout de rage, ses yeux sombres fixés sur les images de ces Palestiniens munis de simples frondes et de pierres, affrontant les soldats israéliens lourdement armés. Notre sentiment d'injustice est à son comble lorsque nous découvrons, un soir, dans un reportage de France 2, l'histoire d'un jeune Palestinien de 12 ans tué par les balles israéliennes à Gaza alors que son père tentait vainement de le protéger.

1. La seconde intifada désigne une période de violence israélo-palestinienne ayant commencé en septembre 2000 avec la visite d'Ariel Sharon, le chef de l'opposition israélienne (le Likoud), sur l'esplanade des Mosquées à Jérusalem. Cette visite est interprétée comme une provocation par les Palestiniens. Comme la première intifada en 1987, elle met en évidence le rejet de l'occupation et de la colonisation.

Dans le quartier, ces événements sont largement commentés.

Boubaker, habituellement peu bavard, est l'un des premiers à prendre fait et cause pour ces innocents que l'État d'Israël, dit-il, « assassine ». Il estime qu'il est de notre devoir de musulmans de s'élever contre cette injustice. Ma sœur Yasmina rejoint pour une fois Boubaker sur ce sujet très politique, elle incite mon frère et ses copains à se rendre à la manifestation de soutien aux Palestiniens qui a lieu le week-end suivant. Pour une fois, lui qui nous tient habituellement à distance, il insiste pour que toute la famille l'accompagne.

Nous sommes à l'automne 2000, c'est ma première manifestation. Je suis surexcitée, fière de défiler avec mon grand frère Boubaker avec qui je partage ce jour-là une noble cause. Autour de nous, des hommes et des femmes arborant le keffieh noir, blanc et gris, symbole de la résistance palestinienne, côtoient des femmes voilées. Nous croisons des voisins, des amis, j'ai l'impression que toute notre cité s'est déplacée.

Du haut de mes 8 ans, j'aperçois soudain le drapeau palestinien flotter dans le ciel de Paris, brandi par un manifestant perché sur l'une des statues de la place de la République. Je crie à pleins poumons, reprenant avec mes frères et ma sœur les slogans lancés par la foule : « Israël assassin ! *Allahou akbar*[1] ! »

1. « Dieu est plus grand. »

Le lendemain de cette manifestation, ma mère est en train d'étendre le linge sur le balcon lorsque Boubaker sort de sa chambre et la rejoint pour lui annoncer solennellement : « Maman, aujourd'hui j'ai fait la prière. »

Depuis le salon, j'assiste à la scène : surprise, ma mère lâche les vêtements qu'elle avait dans les mains et le serre longuement dans ses bras.

Ce jour-là, elle imagine que son fils adoré de 17 ans est sauvé.

Aujourd'hui, ma sœur Yasmina regrette d'avoir convaincu Boubaker de rejoindre cette manifestation propalestinienne. Quant à moi, je m'interroge : que s'est-il donc passé au cours de ce rassemblement et dans les jours qui l'ont suivi pour que Boubaker embrasse soudain l'islam ?

Mon frère n'est pas de ceux que l'on influence, que l'on embrigade, jamais. C'est lui qui gagne les esprits, les plie à sa volonté.

La seconde intifada a sans doute agi comme un révélateur de son paysage mental en construction. Elle est en tout cas une balise temporelle dans mon histoire familiale, le moment où la brutalité et la colère qui accompagnent mon frère depuis toujours se découvrent un cadre dans lequel elles vont trouver une justification, s'épanouir et croître.

À peine vient-il de renouer avec l'islam que Boubaker veut tout connaître de cette religion pour laquelle il ne manifestait jusqu'alors que peu d'intérêt. Dans un premier temps, il se rend à la mosquée Omar de la rue Jean-Pierre-Timbaud. Il connaît les lieux, c'est là qu'officiait mon père lorsqu'il vivait encore en France. Il se rapproche ainsi du Tabligh, attiré par ce mouvement fondamentaliste dont la lecture orthodoxe du Coran correspond à ses aspirations de pureté et d'ascétisme. Mais très vite il est déçu, il veut de l'action et il trouve les adeptes du Tabligh trop tièdes, trop soumis à l'ordre établi, d'autant que mon père, qu'il déteste, est l'un de leurs adeptes.

Il préfère donc fréquenter la mosquée de Stalingrad non loin de chez nous. Chaque matin, il se lève à l'aube pour aller prier. En bas de notre immeuble, une vingtaine de jeunes portant barbes et *qamis* passent souvent le chercher. Au bout de notre rue, quand tous traversent le pont qui enjambe le canal de l'Ourcq, ils m'apparaissent tels des guerriers, marchant d'un pas décidé, l'air grave, fiers de leurs tenues vestimentaires.

À la salle de prière, ils se font remarquer, certains fidèles moquent leurs accoutrements et leurs pratiques religieuses ostentatoires, d'autant que, parmi les copains de mon frère, il y a un garçon à l'allure très inhabituelle pour un musulman, même très croyant. Il a les cheveux longs, de petites lunettes cerclées de métal et un turban rouge et blanc qui lui enserre la tête, soi-disant comme au temps du prophète Mahomet. Il s'appelle Farid Benyettou et se présente comme un fin connaisseur du Coran. Lui, sa mère et sa sœur vont devenir des proches de notre famille.

À cette époque, personne n'imagine que ce groupe de jeunes hommes puisse être dangereux. Qui aurait pu se douter qu'ils participeraient bientôt à l'un des premiers réseaux djihadistes français, et que certains d'entre eux sèmeraient la mort à la rédaction de *Charlie Hebdo* en 2015 ?

Mon quotidien est brutalement bouleversé par les nouvelles convictions religieuses de Boubaker. Il a toujours souhaité que mes frères, ma sœur et moi-même soyons ses marionnettes, désormais avec la caution de ma mère, il s'attribue un rôle de policier des mœurs et nous impose la charia en plein Paris.

Comme je suis la plus jeune et, qui plus est, une fille, je me retrouve au centre de toutes ses obsessions. Je suis la plus pure de la famille, dit-il, celle qui n'a jamais été touchée par un homme, il veille donc à ce que personne ne puisse me « salir », guettant tous mes faits et gestes. Je deviens sa « chose », celle qu'il va pouvoir modeler comme il l'entend, selon les préceptes religieux qu'il a choisis, ceux du salafisme[1], en pleine expansion dans notre quartier en ce début des années 2000.

1. Courant de l'islam selon lequel le retour à la religion musulmane des *Salafs* (les Pieux Ancêtres) permettra aux sociétés de retrouver la gloire des premiers siècles de l'islam au cours desquels les musulmans dominèrent le monde. Si le principe du salafisme est unique, ses manifestations et ses interprétations sont multiples. Il peut être pieux et apolitique, révolutionnaire et guerrier. Dans ce dernier cas, on parle de salafo-djihadisme, terme régulièrement associé aux attentats terroristes.

J'ai 11 ans, je suis encore à l'école primaire, en CM2. J'ai atteint l'âge de la puberté, ma mère et mon frère se sont accordés pour que je revête désormais un *hidjab* pour sortir de chez moi. Je l'enlève uniquement lorsque je franchis la porte de mon établissement, par obligation de respect du principe de laïcité.

Le peu de liberté que j'avais se réduit comme peau de chagrin, ma vie se résume à « école, maison, dodo ». Boubaker me défend d'écouter de la musique, de regarder la télévision, d'échanger avec des garçons, même de mon âge.

Face à lui, une seule résiste encore : ma sœur Yasmina. Elle est plus âgée que Boubaker, indépendante, et elle refuse absolument que mon frère lui impose quoi que ce soit, et en particulier un voile. Yasmina s'habille avec des vêtements moulants, fume, sort. Un bras de fer permanent s'engage entre les deux. Pas un jour ne se passe sans que Boubaker ne couvre Yasmina d'insultes : « pute », « salope », tout y passe.

La misogynie de mon frère précède largement son entrée dans la religion. Il s'est toujours vanté de détester les filles et les femmes, affirmant que, s'il se mariait un jour, sa femme ne sortirait pas de la maison et que, s'il avait une fille, il la tuerait – selon ses propres mots.

Au collège, il s'était attiré les foudres d'une professeure lors de la rentrée des classes, elle avait demandé que les élèves s'installent un garçon et une fille par table. Boubaker avait refusé, il était resté debout durant tout le cours, seul au fond de la salle. Convoquée par la direction, ma mère lui avait ensuite vaguement fait la morale, sans succès. Boubaker avait par la suite cassé le nez d'une élève puis, après une période d'exclusion, il s'en était pris de nouveau à une fille, lui perçant le tympan d'un coup sur la tête. Il avait été renvoyé définitivement.

Ma mère soutient Boubaker dans ses crises d'autorité et exige elle aussi que Yasmina adopte une attitude « décente ». Elle se réfère à une vision traditionnelle de l'islam qu'on lui a inculquée lorsqu'elle était enfant en Tunisie. Elle connaît mal les textes du Coran – elle ne les a jamais vraiment étudiés – et se cache la vérité : mon frère va bien au-delà de tout ce qui peut être autorisé dans nos coutumes religieuses familiales.

Ironie de l'histoire, quelques années auparavant, elle s'était opposée à ce que Yasmina porte une *abaya*[1]. Ma sœur s'était prise de lubie pour cette tenue islamique qu'elle trouvait « super tendance » depuis qu'elle avait vu des filles se promener dans la rue revêtues de ce voile très couvrant. Elle s'en était acheté un dans un magasin du 19e arrondissement et, par provocation, tentait systématiquement de le porter au lycée ; elle avait même engagé un bras de fer avec la conseillère pédagogique qui l'obligeait à le retirer à l'entrée de l'établissement.

1. Ce vêtement traditionnel féminin consiste en une longue robe ample et couvrante. Il est principalement porté dans les pays arabes, notamment en Arabie saoudite et dans les pays du golfe Persique.

Ma mère ne supportait pas de voir Yasmina avec cette *abaya* alors qu'elle-même ne revêtait pas de voile. Elle ne manquait pas une occasion de se moquer d'elle, la surnommant « Zorro », ce qui nous avait bien fait rire à l'époque.

Je me souviens de cette anecdote avec nostalgie, mais l'ambiance est devenue lourde à la maison. Boubaker ne nous parle plus que de Ben Laden dont il lit la biographie sur l'ordinateur de la maison. Il cultive une profonde admiration pour ce Saoudien, fils d'une famille de milliardaires devenu le chef de l'organisation terroriste Al-Qaïda. Il me raconte son histoire comme un beau conte pour enfants : son éducation très stricte par un père qui a accroché un fouet au mur et qui en use contre lui à la moindre incartade, son engagement dans le djihad pour lequel il a investi toute sa fortune, son renoncement à sa vie de privilégié pour combattre les « croisés »... Je l'écoute, fascinée. Boubaker est mon grand frère, je le crains, je le respecte aussi, et je le crois.

Le 11 septembre 2001, il est donc aux anges lorsque deux avions percutent les tours jumelles du World Trade Center à New York et que Ben Laden est cité comme le commanditaire possible de l'attaque terroriste. Enfin, nous lance-t-il très excité dans le salon, les musulmans ont pris le pouvoir. Ma mère partage le même enthousiasme face à cette attaque sans précédent sur le sol américain. Je ne me souviens pas de la réaction de Redouane. Quant à Ali et moi, nous ne comprenons pas grand-chose, les yeux rivés sur l'écran de notre imposante télévision grise. Nous sommes surtout impressionnés par les images – elles nous semblent irréelles, sorties tout droit d'un film hollywoodien –, rassurés aussi d'entendre ma mère et notre frère aîné jubiler et se réjouir de cette « bonne nouvelle ». Boubaker est furieux contre certains reportages pointant les liens du dirigeant d'Al-Qaïda avec la CIA : les Américains tentent de le salir, nous explique-t-il, Ben Laden a tout financé grâce à son argent personnel et ses convictions, c'est un héros ! Mon frère rêve manifestement de rencontrer un jour le précurseur du djihad mondial, qui, au-delà de notre appartement et des cercles salafo-djihadistes très restreints, suscite la réprobation et la peur.

Est-ce par soif de savoir ou pour nourrir sa radicalité que, moins d'un an plus tard, à tout juste 18 ans, Boubaker décide de partir en Syrie pour suivre des cours d'arabe et parfaire sa connaissance des textes coraniques ? Nous sommes en août 2002, il doit rejoindre l'université Ma'ad al-Fath al-Islami à Damas, un établissement réputé pour la qualité de ses enseignements.

Je ne sais pas d'où lui est venue cette idée, qui l'a orienté vers la Syrie, mais ma mère n'est pas inquiète de le voir partir si loin. De toute façon, elle accepterait n'importe quoi de son fils aîné.

CHAPITRE 5

Le carnet rouge

Arrivé à Damas, mon frère n'en a fait qu'à sa guise, comme d'habitude. Il suit quelques cours de théologie à l'université al-Fath et, surtout, il sympathise avec des étudiants islamistes radicaux qui n'ont pas eu besoin de le convaincre, lui qui était déjà convaincu. Ils l'ont guidé vers des enseignants salafo-djihadistes qui prodiguaient des cours en petit comité, avec l'aval des Moukhabarat, les services de renseignement du régime de Bachar al-Assad.

En cette fin de l'année 2002, alors que les États-Unis s'apprêtent à envahir l'Irak, le régime syrien joue un jeu ambigu avec les milieux islamistes. Il les laisse prôner le djihad et la haine de l'Occident tout en les manipulant à des fins politiques.

Que s'est-il vraiment passé pendant ce premier séjour en Syrie de mon frère ? Je ne connais pas les détails, mais ce dont je suis certaine, c'est qu'à Paris, en son absence, j'ai eu une paix royale.

À son retour six mois plus tard, gonflé de son expérience syrienne sur laquelle il reste discret, il impose à nouveau ses règles à notre famille, avec une attention toute particulière à mon égard.

Je suis rentrée en CM2, j'ai un petit carnet rouge avec des fleurs que j'ai acheté au marché où j'ai inscrit, dans l'ordre alphabétique, les noms des filles et des garçons de ma classe. L'un d'eux s'appelle Oussama, il est d'origine malienne, je l'apprécie beaucoup. Je suis un peu en surpoids et il me protège des moqueries dans la cour de récréation. À côté de son nom, j'ai donc dessiné un cœur avec toute ma naïveté d'enfant.

Un jour, alors que je suis en train de faire mes devoirs, revêtue de mon *hidjab* dans l'une des chambres de notre appartement, Boubaker rentre soudainement et brandit le carnet rouge où il a découvert le nom d'Oussama.

« C'est quoi ça ? », hurle-t-il, me désignant le cœur inoffensif.

Terrifiée, je reste sans voix. Il me tire violemment vers le salon et là, sous les yeux de ma mère et de mon frère Ali, il m'attrape par les jambes, me renverse la tête en bas et m'assène des coups de ceinture sur les pieds. Ali, choqué, se met à pleurer, il doit ravaler ses larmes tandis que Boubaker le menace de subir le même sort.

La douleur est intense, mais moins grande que la honte d'endurer cette punition corporelle sans que ma mère intervienne. Comment peut-elle accepter de me voir ainsi torturée par Boubaker au nom de la *falaka*, cette vieille tradition dont mon frère affirme qu'elle est autorisée par l'islam ?

J'entretiens avec ma mère une relation fusionnelle, je cherche depuis toujours son affection, sa protection, et voilà qu'elle m'abandonne. Pire, elle cautionne l'accès de colère de mon frère, l'excusant sous prétexte qu'il ne m'a pas frappée sur le visage et qu'il respecte ainsi les textes religieux.

Dois-je mettre son comportement sur le compte de l'emprise de son fils ?

Cette question, je me la pose encore. Je crains que ma mère n'ait pas eu besoin de Boubaker pour verser dans l'islam radical. Je ne saurais dire qui a entraîné qui sur le chemin du djihadisme. Ma seule certitude, c'est qu'elle ne s'est plus jamais opposée à son fils adoré, justifiant chacun de ses actes, même les plus odieux.

Cette correction sera suivie de tant d'autres, je ne peux les compter. Boubaker ira jusqu'à m'ouvrir le cuir chevelu sur plusieurs centimètres avec sa bague en me frappant violemment sur la tête. Un accès de colère après avoir découvert que j'échangeais sur l'ordinateur des émoticônes de petites danseuses en bikini avec la sœur d'un de ses amis.

Personne n'est capable de me protéger de Boubaker, mes autres frères se gardent bien de prendre ma défense de peur, à leur tour, de subir les foudres de notre aîné. Son ascendant sur moi est tel que je nourris à la fois une haine profonde à son égard et une fierté d'être sa petite sœur, celle à qui il tente de transmettre ses préceptes toujours plus radicaux. Je suis un exemple parfait du syndrome de Stockholm !

Boubaker m'abreuve de tout ce que l'on peut trouver sur Internet concernant l'Afghanistan : des vidéos de propagande djihadiste, des moudjahidine à l'entraînement. Il y a aussi ces scènes de décapitation ultraviolentes où le cameraman s'attarde sur chaque détail.

« Je veux que tu les regardes sans avoir aucun sentiment, m'ordonne-t-il, ce ne sont que des mécréants. »

Intérieurement, je suis terrorisée, les images des regards suppliants des victimes, de leurs gorges tranchées, du sang qui gicle, sont imprimées dans mon cerveau et reviennent en boucle. À chaque nouvelle vidéo, j'ai envie de pleurer mais je n'en montre rien, je veux l'impressionner, j'affirme, bravache : « Pfff, mais c'est rien ça ! »

Je le déteste, mais je veux aussi qu'il soit fier de moi, qu'il m'aime.

Je me plie à toutes ses injonctions sous peine de prendre une raclée. Pour être sincère, à cette période, je crois toutes les paroles de Boubaker, au point de diffuser son discours autour de moi et de suivre ses conseils, notamment d'éviter tout rapport avec les non-musulmans, ces « mécréants ».

Notre famille se referme sur elle-même, nous ne recevons bientôt plus que les amis de mon frère, leurs proches et les quelques voisins de confiance de ma mère.

Cette dernière a rompu avec Mme Elfassi, notre voisine de palier, de confession juive. Pendant des années, nous étions pourtant très liés avec elle, j'allais lui faire un peu de ménage, nous nous recevions chez les unes et chez les autres pour boire le thé en dégustant des gâteaux. Mme Elfassi était une bonne copine de ma mère, à tel point que cette dernière avait décrété un jour que j'apprendrais l'hébreu une fois entrée au collège. Une façon de signifier à son amie juive que la religion n'était pas une barrière entre elles.

Désormais, la côtoyer est devenu inimaginable dans notre foyer, Boubaker ne veut plus en entendre parler. Quoi qu'il en soit, à mesure que mon voile devenait plus noir, que les barbes et les djellabas de nos invités s'affichaient toujours plus ostentatoires, Mme Elfassi avait pris ses distances. Certainement, nous lui inspirions de la peur.

Je l'aimais beaucoup, je pense souvent à elle.

CHAPITRE 6

Ombre noire

Je ne suis jamais rentrée au collège, je n'ai jamais pu continuer ma scolarité. Un jour, à 11 ans, au milieu de mon année de CM2, j'ai disparu de l'école de la République, sans qu'aucun service social s'en inquiète.

Boubaker a mis fin à mes études d'un claquement de doigts, décrétant sans discussion possible que je revêtirais dorénavant le *niqab* et que je resterais à la maison afin que « ma pureté soit préservée », cette pureté dont il a fait son obsession.

Le *niqab* n'est pas un voile, c'est un étendard de l'islam radical pour les rares qui, en France, l'ont choisi, et pour moi qui le porte, une prison. Quand je sors ou que l'on reçoit des invités, je m'en couvre des pieds à la tête. Il est constitué de trois couches de tissus : la première est épaisse, opaque, mais laisse un trou pour mes yeux ; la deuxième est très ample, elle gomme toutes les formes de mon corps ; la troisième est un voile noir plus léger qui masque mes yeux et empêche mon interlocuteur de capter mon regard.

Au début, je ne vois rien et je peine à marcher, c'est une question d'habitude, me dit-on. Dans notre entourage, beaucoup de femmes le portent, ajoutant même une paire de gants noirs, histoire qu'aucun bout de leur peau ne soit visible.

Aujourd'hui, je réalise combien ce devait être hallucinant pour les passants de m'apercevoir ainsi accoutrée lorsque je sortais avec ma mère acheter du pain ou passer des appels au taxiphone.

Dans notre immeuble, les voisins auraient dû s'étonner de me croiser ainsi, habillée de noir de la tête aux pieds. Pourquoi ne s'en sont-ils pas inquiétés auprès de la police, eux qui étaient toujours prêts à se plaindre en cas de bruit ? Oui, certes, à l'époque, il n'était pas interdit en France de se couvrir le visage[1], mais tout de même, je n'ai que 11 ans ! J'aurais rêvé que des éducateurs ou l'aide sociale à l'enfance débarquent à la maison, Boubaker ou pas, je leur aurais tout raconté pour fuir cet enfer.

Mes journées sont si longues, cloîtrée chez moi avec ma mère, l'ennui est devenu mon quotidien. Nous n'avons plus le droit de regarder la télévision à l'exception de la chaîne arabe Iqraa où ne sont diffusés que des programmes religieux, dont les prêches

1. La loi du 11 octobre 2010 interdit la dissimulation du visage dans l'espace public.

du cheikh Mohamed Hassan, un Égyptien savant très virulent qui encourage à mener le djihad contre le grand Satan américain.

L'une de mes rares occupations est de regarder par le balcon la vie qui continue sans moi. Le matin, je vois les autres enfants partir à l'école et mon cœur se serre, j'aimerais tellement être parmi eux. Je ne sais pas ce qui l'emporte, la tristesse ou la colère, je rêve déjà de m'enfuir loin d'ici.

Je suis aussi assaillie par un grand sentiment d'injustice. Mes frères, eux, peuvent sortir. Redouane a réussi son CAP et travaille dans une boulangerie, son patron est très content de lui. Il donne le change à l'égard de Boubaker à la maison, mais il ne porte que peu d'intérêt à la religion. Il est fan de rap et s'habille avec des pantalons baggy.

Ali va au collège et cherche en permanence l'attention de Boubaker, même si ce dernier le méprise. Il se désintéresse totalement de ma situation et commence à trafiquer dans le quartier. Ma mère ne s'occupe pas du tout de lui.

Face à la monotonie de mon quotidien, je profite du moindre événement. Nous recevons quelques visites, notamment des amis de mon frère qui, au cours de longues soirées, échangent entre eux sur des questions religieuses. Ils viennent parfois accompagnés de leur mère ou de leurs sœurs, généralement intégralement voilées. Un grand rideau sombre divise notre salon en deux afin que les hommes et les femmes ne puissent pas se regarder.

Lorsque nos invités arrivent, ma mère, ma sœur et moi devons cacher nos chaussures qui traînent dans l'entrée afin, affirme Boubaker, que « les hommes ne devinent pas notre pointure ». Il craint qu'ils soient « excités » en imaginant nos pieds.

Du côté des femmes, nous nous occupons essentiellement de la cuisine et du service, ma mère passe beaucoup de temps à préparer ces dîners, les finançant de sa poche. Boubaker ne lui donne jamais un centime.

Je capte tout ce qui est possible des discussions de l'autre côté du rideau, j'aperçois aussi par le balcon certains visages connus comme celui de Farid Benyettou que j'apprécie beaucoup. Il a dit à mon frère qu'il n'était pas normal que je ne puisse pas suivre ma scolarité, qu'il doit prendre soin de moi et que cela passe aussi par l'éducation. Farid s'est appuyé sur des textes du Coran pour le convaincre, mais Boubaker n'a pas suivi ses conseils, il est pourtant l'un des rares qu'il écoute.

Depuis que Boubaker est rentré de Syrie, son aura a grandi auprès de ses amis. Il leur raconte ce qu'il a appris à Damas, l'invasion de l'Irak qui se prépare, notre obligation en tant que musulman d'aider nos frères et sœurs irakiens à protéger leur territoire des mécréants. Au cœur de toutes ces conversations, il est question du djihad armé contre les Américains. Boubaker jure qu'il est prêt à mourir en martyr. En attendant, il ronge son frein, il prie désormais avec ses potes dans une salle de prière, plus discrète. Il travaille sur les marchés et part courir tous les jours au parc des Buttes-Chaumont, attendant le bon moment pour passer à l'action.

CHAPITRE 7

Le djihad

Un matin de mars 2003, mon frère déclare de but en blanc à ma mère : « Je pars faire le djihad en Irak. » Elle approuve instantanément sa décision ; quant à moi, je saute de joie intérieurement : « Bonne nouvelle, qu'il prenne son billet et qu'il se barre, qu'il ne revienne plus ! »

Alors qu'il ferme son sac et s'apprête à nous quitter, il me prend soudain dans ses bras et me confie d'un ton solennel : « Je suis désolé pour tout ce que je t'ai fait subir. Je t'aime. » Nous pleurons tous les deux, mon sentiment de haine a laissé place en quelques secondes à une grande tristesse. J'ai l'impression à cet instant précis que je suis celle qu'il aime le plus au monde. Je suis sous son emprise, moi sa petite sœur qu'il a formatée à ses idées, à qui il a appris le Coran, imposé le voile intégral. Sa petite vierge pure qui n'a jamais fumé une cigarette ou touché un homme, sa « pépite ».

La femme adulte que je suis aujourd'hui a parfois du mal à accepter l'enfant que j'ai été, cette petite fille qui a aimé et admiré ce frère violent et abusif.

À peine a-t-il claqué la porte que la peur que je ressens en sa présence s'évanouit. Je reprends mes esprits et je redeviens moi-même, Fatma, je le maudis de toute mon âme : « Pourvu qu'il ne revienne jamais, cet enfoiré ! »

Plus besoin de revêtir mon *niqab* pour sortir, j'écoute à nouveau de la musique et ma sœur fume ostensiblement. Redouane et ma mère, censés veiller à une discipline islamique stricte au sein de notre foyer, nous laissent tranquilles. Surtout Redouane qui n'a rien perdu de sa douceur, toujours conciliant et à l'écoute. Il a repris l'emplacement de mon frère au marché, il y vend des vêtements qu'il récupère en Turquie. Il gère aussi un petit restaurant de spécialités tunisiennes.

Nous passons nos journées à suivre l'actualité internationale à la télévision, focalisée sur l'intervention prochaine des forces américaines en Irak. Il n'y a plus d'interdictions qui tiennent, ma mère zappe sur toutes les chaînes françaises et arabes par satellite, elle ne veut rien rater des événements, espérant peut-être obtenir des nouvelles de Boubaker.

Aussi fou que cela puisse paraître, elle a raison, mon frère va se manifester à la télé.

Un soir à 20 heures, deux jours avant que les États-Unis envahissent l'Irak, le journal de TF1 diffuse un reportage tourné aux environs de Bagdad dans un camp d'entraînement de volontaires étrangers venus en soutien de l'armée de Saddam Hussein. Le journaliste commente les images et explique que, parmi ces djihadistes, il y a un jeune Français.

Boubaker apparaît en treillis, nous le reconnaissons immédiatement. Il prend la parole, surexcité : « Je suis de Paris 19e, tous ceux qui veulent tuer l'islam on va les tuer [...]. Tous mes potes dans le 19e je vous dis : venez faire le djihad. Je suis en Irak, on fait le djihad. Je suis là, c'est moi, Abu Abdallah, je suis en Irak ! Tous mes frères qui sont là-bas, venez pour défendre l'islam. [...] C'est des tapettes, des tapettes, des bouffons, c'est rien du tout les Américains ! Je suis prêt à combattre en première ligne, je suis même prêt à me faire exploser ! Je suis prêt à me faire exploser, à mettre des dynamites et boum ! boum ! [...] On tue tous les Américains, on est des moudjahidine. Nous voulons la mort, nous voulons le paradis[1]. »

Nous restons bouche bée sur le canapé. Passé l'effet de surprise, ma mère exulte, elle est tellement fière et, je ne vais pas vous mentir, moi aussi. Toute la famille est aux anges : mon frère sur TF1, le premier djihadiste français en Irak !

L'information fait le tour de notre cercle de connaissances, notamment Farid Benyettou, le fameux « Abu Abdallah » dont parle mon frère. Tout le monde

1. Cet appel est diffusé intégralement dans un reportage de Mathieu Jego pour RTL le 18 mars 2003.

s'interroge : comment est-il parvenu à rejoindre l'Irak et à se retrouver au cœur des événements ?

J'apprendrai des années plus tard, grâce aux PV des services de renseignement français repris dans la presse, qu'à peine arrivé en Syrie, accompagné de plusieurs personnes, Boubaker a traversé la frontière syro-irakienne et s'est rendu directement à Bagdad sous prétexte de mener une opération humanitaire. Il a rejoint la katiba de Abou Moussab Al-Zarqaoui, le responsable d'Al-Qaïda en Irak, avec qui il aurait noué des liens dès son premier voyage en Syrie.

À l'époque, les autorités syriennes soutiennent le régime de Saddam Hussein et ferment les yeux, voire facilitent le passage des combattants étrangers et syriens en Irak.

Peut-être est-ce la raison pour laquelle, deux mois plus tard, alors que mon frère a perdu ses papiers d'identité et qu'il tente de repasser la frontière, il est arrêté et expulsé en France par les Syriens sans autre forme de procès.

Boubaker n'est pas interrogé par les policiers à son arrivée à Paris, il rentre chez nous comme s'il ne s'était rien passé. Sa réputation l'a devancé dans le petit milieu salafo-djihadiste parisien, il peut désormais se targuer de son expérience sur le terrain. Il ne va pas s'en priver.

CHAPITRE 8

À la mairie

Les va-et-vient des amis de mon frère ont recommencé dans notre appartement familial de la rue de la Moselle. S'y retrouvent Tarek Ouinis, un copain de longue date d'origine tunisienne, Abdelhakim Badjoudj, le plus jeune fils d'une amie de ma mère (ils habitent dans l'immeuble à côté de chez nous), Farid Benyettou et beaucoup d'autres dont je ne connais que les voix, parfois les visages, aperçus furtivement depuis le balcon.

Il y a aussi Sofiane, un garçon dont Boubaker m'a annoncé qu'il pourrait bientôt devenir mon mari. Je n'ai que 13 ans, mais ça ne semble poser aucun problème à qui que ce soit. Heureusement, quelques mois plus tard, Sofiane part en pèlerinage à La Mecque dont il revient avec une vision beaucoup plus modérée de l'islam.

Il n'adhère plus à l'idéologie salafo-djihadiste, mon frère le raye de ses connaissances, résumant sa décision par cette sentence définitive : « Il a pété un plomb ! »

Boubaker jouit d'une véritable cour autour de lui, il est celui qui a osé défier les soldats américains, celui qui a joint la parole aux actes. Il répand ses idées radicales, prône le djihad à qui veut l'entendre. Il pèse ses mots, ne décroche toujours pas un sourire. Ses yeux noirs parlent pour lui et imposent le silence. Je le répète : mon frère, on ne peut pas le convaincre, c'est lui qui vous convainc.

Quand je repense à cette période, je me dis parfois que nous vivions dans une maison de fous. Boubaker a repris toute la famille en main : plus de télé, plus de musique, *niqab* et cinq prières par jour pour toutes. Même la chaîne Iqraa nous est désormais interdite, les prêches diffusés sont devenus « trop mous » selon Boubaker. Le cheikh Hassan dont nous devions boire les paroles ne parle plus que de « djihad intérieur », certainement recadré par les autorités saoudiennes, alliées des États-Unis face à Saddam Hussein.

Ma mère écoute des enregistrements d'*anachids*[1] guerriers en boucle ; Boubaker les a rapportés dans ses bagages tout comme plusieurs livres d'obscurs théologiens salafistes dans lesquels il se plonge durant des heures, assis les jambes écartées au milieu du salon. Il essaye tant bien que mal de m'en inculquer les

1. Chants polyphoniques religieux traditionnels récupérés à la fin des années 1980 par l'organisation terroriste Al-Qaïda qui les utilise comme outils de propagande. Ils seront par la suite largement répandus sous l'État islamique.

préceptes. En sa présence j'acquiesce sans broncher, mais en son absence, je lui désobéis consciencieusement.

Chaque matin, il réveille toute la maisonnée vers 5 heures afin que nous procédions à la première prière de la journée qu'il tient absolument à réaliser à la mosquée. En tant que femme, je ne peux pas l'accompagner, il justifie cette décision par un précepte : « Une prière à la maison est récompensée mieux qu'à la mosquée. » À peine a-t-il claqué la porte que j'en profite donc pour replonger délicieusement dans mes draps. Je n'accomplirai jamais la *salat fajr*, la prière de l'aube.

Au printemps 2003, nous hébergeons trois femmes algériennes rencontrées à la salle de prière de Stalingrad. Sans un sou, elles n'ont nulle part où aller et ma mère leur a spontanément proposé, avec l'accord de Boubaker, de venir à la maison, le temps qu'elles trouvent un mari. Elle ne peut imaginer laisser ces femmes musulmanes voilées vivre à la rue, sans tuteur, alors que les préceptes salafistes exigent qu'elles soient accompagnées.

Deux d'entre elles trouvent rapidement un époux par l'intermédiaire de Boubaker et quittent notre domicile. La troisième, Mariam, la plus âgée, ne semble convenir à personne. Après avoir été son tuteur, Boubaker charge ma mère de la demander en mariage.

Mariam a quinze ans de plus que mon frère, elle le prend pour un gamin. Elle est surprise par cette proposition, mais elle finit par accepter. Avec cette alliance,

Boubaker souhaite suivre le chemin du prophète dont la première femme, Khadija, avait elle aussi quinze ans de plus que lui.

Mariam est une petite femme aux yeux noirs toujours mobiles, discrète et très croyante. Nous la prenons pour quelqu'un de simple, un peu limitée car elle reste toujours en retrait ; elle nous affirme ne savoir ni lire ni écrire.

Je ne comprendrai que des années plus tard, après avoir renoué avec elle, toutes deux enfin libérées de mon frère, qu'elle dissimulait ses intentions à l'égard de ma famille et de Boubaker. En Algérie, elle travaillait aux impôts et tapait à la machine de ses dix doigts comme une dactylo !

Elle a accepté ce mariage par pur intérêt, elle venait de fuir l'Algérie en pleine guerre civile, menacée en tant qu'employée du fisc par les djihadistes du GIA[1].

Aujourd'hui, devant un thé, elle plaisante, un peu amère : « J'ai fui le terrorisme pour me retrouver entre les mains d'un terroriste bien pire ! »

Lorsqu'elle rencontre ma mère à la mosquée, elle vient de quitter un logement chez une de ses

1. Le Groupe islamique armé (GIA) est une organisation islamiste algérienne d'idéologie salafo-djihadiste née au milieu des années 1990. Elle a commis de nombreux attentats terroristes en Algérie ainsi que de sanglantes exactions contre la population. Son objectif était d'instaurer un État islamique en Algérie. En France, le GIA a commis une vague d'attentats en 1995, notamment à la station RER de Saint-Michel à Paris (8 morts et 117 blessés).

connaissances à Gennevilliers. Une femme odieuse, elle maltraite une jeune fille algérienne qu'elle emploie, la considérant comme une esclave. Mariam préfère donc prendre ses affaires et s'en aller, sans argent et sans papier (elle est arrivée en France avec un visa de touriste), plutôt que de rester sans réagir devant un tel comportement.

Lorsque Boubaker lui propose de se marier, elle y voit immédiatement une opportunité : obtenir une carte de résidente et fonder tranquillement une famille avec mon frère. Mariam est une musulmane pratiquante, elle n'est donc pas particulièrement inquiète de la piété exacerbée de Boubaker. Elle préfère peut-être ne pas y penser, car elle n'a pas le choix. Elle ne va pas tarder à déchanter.

Traditionnellement, y compris dans les milieux salafistes, la future mariée a le droit d'imposer certaines conditions à son futur époux, par exemple pouvoir visiter ses parents un certain nombre de jours par mois, exercer une activité professionnelle, recevoir des amis… Le tout, bien sûr, dans le strict respect des règles islamiques. C'est une sorte de contrat de mariage non écrit.

Mariam n'impose aucune condition à Boubaker, trop heureuse de sortir de la précarité. Mon frère exige en revanche qu'elle porte le *niqab* et s'engage à le suivre dans n'importe quel pays où il irait faire le djihad.

Sur ce dernier point, il se retrouve face à un dilemme : pour que sa future femme puisse le rejoindre en Irak ou ailleurs, il faut qu'elle régularise sa situation en France, qu'elle obtienne une carte de séjour. Il faut donc qu'ils passent tous deux devant le maire. Boubaker ne reconnaît pas la légitimité des institutions françaises, ce mariage civil est donc pour lui un déchirement.

À l'été 2003, après un mariage religieux strict – la musique et les chants étaient interdits, les invités hommes séparés des invitées femmes dans deux appartements distincts –, Mariam et Boubaker gravissent les marches de la mairie du 19e arrondissement accompagnés de ma mère et de leurs deux témoins.

Avec Mariam revêtue de son *niqab* laissant à peine apparaître ses yeux, l'arrivée du petit groupe ne passe pas inaperçue. D'autant que, une fois devant l'officier d'état civil, celui-ci exige que Mariam dévoile son visage afin de s'assurer de son identité et de pouvoir procéder à la célébration du mariage.

Mon frère refuse catégoriquement : il ne veut pas se plier à « ces règles de mécréants », « c'est une atteinte à ma religion », affirme-t-il. S'ensuit un bras de fer avec le personnel de mairie. Mariam, pétrifiée de honte devant l'attitude de Boubaker, essaye tant bien que mal d'arranger la situation, elle qui n'en a cure de retirer son *niqab*, surtout préoccupée par l'obtention de sa carte de séjour.

Finalement, après d'âpres discussions, il est convenu qu'elle dévoile son visage devant un membre féminin du personnel de mairie. Le mariage est acté.

Sur le chemin de la maison, Boubaker ne desserre pas les dents, il est furieux. Mariam reste silencieuse, elle ne veut pas rajouter de tensions à une situation déjà explosive. Aujourd'hui elle m'avoue : « Je réalise à ce moment-là que son attitude n'est pas normale, je ne comprends pas comment on peut se comporter ainsi en France, en plein Paris. Instinctivement, j'ai peur. » Devant notre domicile, les voisines et les copines de ma mère ne peuvent s'empêcher de lancer quelques « youyou », ces longs cris de joie traditionnels, aux deux mariés. Pour une fois, mon frère laisse passer, il me semble même qu'il décroche un petit sourire en coin.

C'est un grand jour pour lui, il vient de se marier, il a à peine 20 ans. Sa femme porte le *niqab*, elle ne sortira plus de la maison sans sa surveillance.

CHAPITRE 9

À la maison

À vivre cloîtrée pendant des mois, avec pour seule perspective les allers-retours entre le salon, le balcon et la cuisine, mon corps s'effondre. À 12 ans, je pèse 96 kilos pour 1,56 mètre, engoncée dans ma tenue islamique stricte, mes traits sont lourds, mes joues rebondies ne sont plus celles de l'enfance. Par ennui, j'engloutis tout ce qui me tombe sous la main : des morceaux de sucre, des sodas, des gâteaux confectionnés par Mariam, qui s'avère une excellente cuisinière.

Cette dernière a emménagé dans la chambre de Boubaker après leur nuit de noces passée dans un hôtel Ibis. Elle bénéficie d'un statut particulier auprès de ma mère : dispensée de corvée ménagère, elle peut se reposer à sa guise dans sa chambre où elle dispose d'un petit frigo et de jolis meubles. De maigres consolations face à ce qu'elle doit endurer de la part de mon frère. Elle lui doit une soumission absolue :

elle ne s'adresse à lui que le regard baissé, ne s'oppose jamais à ses décisions et ne sort en aucun cas, même pour aller acheter du pain.

Pour ma part, l'arrivée de Mariam est une bonne nouvelle, je ne suis plus seule à subir quotidiennement les injonctions et les coups de Boubaker. J'ai une nouvelle interlocutrice, plutôt fuyante et pas très causante, mais c'est toujours ça de gagné.

Désormais côte à côte dans le salon, nous écoutons Boubaker nous enseigner sa vision radicale de l'islam. Ensemble, nous lui récitons les vers du Coran. Mariam est une bien meilleure élève que moi, elle se plie aux desiderata de son mari afin d'éviter du mieux possible ses accès de rage. Au début, elle est choquée de voir mon frère me frapper à la moindre occasion, puis elle se détend, voyant que cela ne me touche même plus tant j'y suis habituée. Nous sommes parfois prises de fous rires lorsqu'il m'assène des coups sur la tête après une mauvaise réponse à une question, telles des élèves bravant un professeur trop strict.

À peine mariée, Mariam tombe enceinte ; elle est folle de joie, car cet enfant à venir qu'elle désirait tant lui semblait, à plus de 35 ans, inespéré.

Sa grossesse est difficile, ma mère l'accompagne régulièrement à l'hôpital Thonon pour être examinée, tel un chaperon ne la quittant pas des yeux sur ordre de mon frère. Elle doit veiller à ce que Mariam ne quitte pas son *niqab* et que seules des femmes du personnel hospitalier puissent l'examiner.

Lors de l'une de ces consultations, un médecin procède à une prise de sang sur ma belle-sœur sans que ma mère ose s'y opposer tant le geste médical est anodin et rapide. Sur le chemin du retour, mal à l'aise, elle qui s'est engagée auprès de mon frère à veiller sur sa femme décide de lui taire les faits, présageant sa réaction.

Effectivement, à peine Mariam a-t-elle le malheur d'informer innocemment Boubaker qu'un médecin a piqué son bras à l'hôpital qu'il se jette à sa poursuite dans les cris et la confusion. Elle tente de se réfugier dans leur chambre, mais il l'attrape et la frappe violemment avec un tabouret. Ma mère tente de s'interposer, plaidant qu'elle risque de perdre son enfant. En vain, Boubaker n'écoute plus rien. Les coups qu'il lui assène sont tels que Mariam perd connaissance. Pendant des jours, elle conservera les séquelles de cette correction, les yeux au beurre noir et le visage méconnaissable.

Mais pourquoi Mariam a-t-elle informé mon frère de cette anecdote ? Pensait-elle un seul instant pouvoir l'amadouer en jouant la carte de la transparence et gagner ainsi sa confiance ?

La terreur qu'il fait régner est telle que, pour s'en sortir, chaque membre de la famille joue sa partition dans son coin, n'hésitant pas à lui dénoncer les faits des uns et des autres.

Je ne peux toujours pas compter sur l'aide de ma sœur aînée Yasmina. Elle habite chez ma mère de temps à autre, mais longe les murs et évite soigneusement

Boubaker ; elle subit elle aussi ses accès de rage. Un jour, il manque de l'étrangler dans la salle de bains après qu'elle a insulté Mariam pour une broutille. Un autre, elle saute par la fenêtre du deuxième étage pour échapper à Boubaker qui menaçait de la tuer. En tombant, elle se blesse et les pompiers interviennent. Malgré leurs conseils, elle refusera de porter plainte de peur des représailles. Yasmina ne parvient pas à couper les liens familiaux, elle qui n'a aucune autre attache et ne possède pas les moyens financiers pour louer un appartement.

Redouane souffre lui aussi du comportement de Boubaker. Ce dernier a débarqué dans son restaurant et a menacé une de ses clientes avec un couteau. Elle ne portait pas de voile et lui avait « manqué de respect ».

Redouane, mon frère si doux, si arrangeant, préfère éviter la confrontation. Il est devenu pratiquant, sans excès nous semble-t-il. Est-ce sous la pression de Boubaker ou par conviction qu'il l'a rejoint quinze jours en Syrie un an auparavant ? À l'époque, il a écourté son voyage, préférant s'occuper de ses affaires à Paris.

Nul ne devine ce qu'il a en tête, il est juste une présence rassurante dans notre foyer et c'est déjà beaucoup.

CHAPITRE 10

Redouane

Il nous a quittés égal à lui-même, discrètement, pudiquement dirais-je. Le souvenir de ce jour me serre le cœur, si vivace, si loin aussi de ce que je suis aujourd'hui.

Je veux garder en mémoire cette dernière image de Redouane, ce frère qui prenait si peu de place.

Assis devant l'ordinateur du salon, il envoie un dernier mail, saisit son sac à dos, vérifie qu'il a son passeport, son billet d'avion. Il nous prend tour à tour dans ses bras, embrasse longuement ma mère. Ma sœur est sous la douche, elle se prépare avant d'aller travailler, il insiste pour lui dire au revoir : « Yasmina, ouvre, ouvre ! Je dois partir. »

Elle traîne, elle n'est pas pressée. Il ne peut plus attendre, il ne veut pas rater son vol. « À bientôt Yasmina », lance-t-il à travers la porte.

Après toutes ces années, elle aussi n'a rien oublié : « Mais qu'est-ce qui m'a pris de m'entêter à finir de prendre cette maudite douche ! » Il était son frère préféré, son confident.

Boubaker est hors champ, il est parti quinze jours auparavant, laissant sa femme enceinte de huit mois. Il nous a déclaré sans ambiguïté : « Je vais combattre en Irak avec les djihadistes. » Redouane aurait-il suivi ses pas ? Aujourd'hui encore, j'ai un doute. Il ne nous avait rien dévoilé de ses projets, nous ne savions pas qu'il partait là-bas, comment aurions-nous pu y croire ? Il ne se vantait jamais, parlait peu, souriait souvent.

Depuis quelque temps, on le sentait « changé » ; il côtoyait de jeunes hommes aux visages fermés et aux mots comptés, loin de mon frère et de ses copains.

Redouane s'est dirigé de son pas mesuré vers la sortie et a claqué la porte derrière lui.

CHAPITRE 11

Les *chahids*

Il est 7 heures du matin, en plein cœur de l'été, le téléphone sonne dans le salon alors que je tchate sur Skype avec mon cousin tunisien Zakaria qui a lui aussi rejoint Boubaker en Irak. Je suis la seule éveillée, je saisis le combiné. Au bout du fil, un homme inconnu me salue en arabe et demande à parler à ma mère.

Endormie sur le canapé où nous passons nos nuits côte à côte, elle se réveille en sursaut, je lui transmets l'appareil. Le visage figé, elle écoute cette voix venue du lointain et s'assoit, les jambes coupées, sur le pouf marocain. Sa voix saccadée par l'émotion murmure à son interlocuteur : « *Allahou akbar, Allahou akbar, Inna lillah wa inna ilayhi raaj' uun*[1]. »

1. « Dieu est plus grand ! Dieu est plus grand ! C'est à Dieu que nous appartenons et c'est à lui que nous retournons. » La formule est tirée de la sourate Al-Baqara, verset 156 du Coran.

Tournant son regard vers moi, elle m'annonce : « Redouane est mort. »

Je reste sans émotion pendant qu'elle se précipite dans la chambre de ma sœur pour lui apprendre la terrible nouvelle. J'entends les cris et les pleurs de Yasmina résonner dans l'appartement ; sous le choc, elle ne veut pas y croire : « Mais c'est qui ce type ? Comment peut-il affirmer une telle chose ! Ce n'est pas possible, pas Redouane ! »

Quelques heures plus tard, joint par téléphone en Irak, Boubaker nous confirme la mort de notre frère à Falloujah où les combats font rage entre soldats américains et djihadistes venus en soutien de Saddam Hussein. Redouane serait mort sans combattre, enseveli sous un bombardement, en *chahid*, dit-il.

Ce mot, « martyr », ne quittera plus les lèvres de ma mère lorsqu'elle évoquera son fils disparu. Moi, je préfère retenir que Redouane n'a tué personne avant de mourir.

La nouvelle se répand comme une traînée de poudre autour de nous : les voisins, les amis de Redouane, de ma mère, de Boubaker… des familles entières envahissent notre appartement. Le grand rideau noir est tiré au milieu du salon pour séparer hommes et femmes pendant que la soirée funèbre s'organise. Aminata, notre voisine sénégalaise dont les fils étaient proches de Redouane, propose spontanément d'organiser le dîner en l'honneur du défunt. Elle prépare un énorme plat de tiep, aidée par les femmes présentes.

La plupart de ceux qui franchissent notre seuil, qu'ils soient en faveur ou non du djihad, pratiquants ou pas, ont ces mots de réconfort pour ma mère : « Mashallah, tu as de la chance, ton fils est un martyr. » Sa fierté l'emporte un temps sur son chagrin : « Mon fils est mort en martyr, mon fils est un *chahid* », répète-t-elle en boucle, comme sonnée, à tous ceux qui lui présentent leurs condoléances.

Une pensée m'envahit : pourquoi a-t-il fallu que ce soit Redouane qui disparaisse, pourquoi pas Boubaker ! Oui, je ne devrais pas souhaiter la mort de mon frère aîné, mais c'est si injuste. Redouane avait 18 ans, nous l'aimions tant.

Le soir même, une de mes cousines, Djamila, arrive de Marseille avec sa fille d'à peine 1 an. Elle vit là-bas avec son mari et ma tante Warda, l'une des trois sœurs de ma mère. Elle débarque chez nous au milieu de femmes en *niqab*, portant gants noirs et causant djihad. Djamila, qui pratique la religion avec modération et revendique son identité française tout comme son attachement à la République, découvre un autre monde dont elle n'avait aucune idée. Choquée, elle m'interroge : « Mais qu'est-ce qui s'est passé ? Qui sont ces gens ? C'est quoi ce délire ? » Un an auparavant, Redouane était venu à l'hôpital à Marseille où elle venait d'accoucher. Il lui avait apporté un cadeau de naissance, il était comme à son habitude, doux et poli.

Depuis le premier départ de Boubaker en Syrie et notre adhésion à l'idéologie salafo-djihadiste sous le joug de mon frère, ma mère ne donne que peu de nouvelles à mes oncles et tantes, comme si elle voulait cacher la vérité de notre radicalisation soudaine. Elle continue d'échanger un peu avec sa sœur Warda à Marseille, qui ne manque jamais de la questionner : « Mais pourquoi Boubaker est en Syrie ? Pourquoi tes enfants lâchent l'école ? Il faut qu'ils fassent une formation et qu'ils se remettent au travail ! »

Lors de cette veillée funèbre, Djamila comprend qu'elle ne risque que des ennuis à notre contact. De retour à Marseille, elle coupe les liens avec nous, la suite des événements lui donnera raison.

Redouane est officiellement le premier Français mort pour le djihad en Irak. À partir de l'été 2004, d'autres jeunes de notre entourage ont suivi, jetant la suspicion sur notre famille.

Il y a Abdelhakim Badjoudj, notre voisin de 19 ans qui vivait à un numéro de chez nous. Nos mères étaient amies, se recevaient souvent ; depuis peu, Abdelhakim s'intéressait à la religion, buvant les paroles de mon frère. Il a décidé brutalement de partir en Syrie pour passer en Irak.

Abdelhakim était un jeune homme instable, toujours en conflit avec son beau-père, il avait quitté l'école et traînait son ennui dans le 19e. Avant de quitter la France, il s'était fiancé à une jeune femme de 18 ans, Helena. Elle était devenue mon amie, passait souvent à la maison pour appeler Abdelhakim sur Skype, elle l'implorait de la laisser le rejoindre en Irak afin qu'ils se marient.

Quelques jours après la mort de Redouane, il a revêtu une ceinture d'explosifs puis s'est fait sauter à un barrage tenu par des soldats américains. Il a raté sa cible, lui seul est mort dans cette attaque ; Abdelhakim est considéré aujourd'hui comme le premier djihadiste kamikaze français.

La mère d'Abdelhakim était heureuse lorsque son fils avait renoué avec l'islam au contact de Boubaker, désormais elle ne jette plus un regard à ma mère lorsqu'elles se croisent dans la rue.

Tarek Ouinis aussi est mort à Falloujah. Je l'aimais bien Tarek, ce jeune Franco-Tunisien ami de Boubaker, on s'envoyait des mails lorsqu'il était en Irak, on flirtait un peu, comme des jeunes qui apprennent à se connaître. Aussi incroyable que cela puisse paraître aujourd'hui, je ne m'étonnais même pas qu'il soit là-bas, en pleine guerre. Le djihad était notre quotidien.

Tous ces morts proches de Boubaker, tous ces jeunes hommes du 19e partis à son contact avec le soutien tacite de ma mère, fière de voir son fils jouer les recruteurs ; nous sommes devenus infréquentables.

Depuis l'annonce du décès de Redouane et les jours de deuil qui ont suivi, les visites à notre domicile s'espacent, les messages de soutien à ma mère se font plus rares. Nous nous retrouvons face à notre chagrin, prenant enfin la mesure des événements. Je me surprends tout à coup à pleurer, je n'en avais pas encore eu le temps.

Notre foyer est comme enveloppé d'un voile noir, à l'image de Yasmina qui a décidé de porter le *hidjab* en mémoire de Redouane. Elle se débat dans le deuil, se raccroche à l'absence du corps de notre frère (nous ne le récupérerons jamais) pour questionner encore la réalité de sa mort. Elle a quitté son travail et erre sans but dans notre appartement.

Mon plus jeune frère, Ali, plonge dans l'alcool et ne manifeste sa peine que lorsqu'il est saoul. Il délaisse le collège, se lance à corps perdu dans tous les trafics possibles – et il y en a beaucoup autour du canal de l'Ourcq. Ma mère ne s'intéresse pas à lui ? Il décide de se construire lui-même sa famille en s'entourant d'une bande de délinquants de la cité. À 15 ans, il force le respect des voyous ; il est devenu un « bonhomme », à défaut d'obtenir l'attention de ma mère et, surtout, de Boubaker, ce frère qu'il craint et admire, mais qui n'a jamais daigné jeter un regard sur lui.

Boubaker est en Irak, pour autant, sa présence continue de planer sur nous, il téléphone souvent à la maison pour prendre des nouvelles. Il a accueilli avec une grande joie la naissance de son fils. Il a de longues conversations avec Mariam au cours desquelles il lui explique que, bientôt, elle devra le rejoindre avec leur enfant en terre de djihad. Elle acquiesce à toutes ses demandes, le rassure : « Bien sûr, bien sûr, je vais venir, pas de problème, *inchallah* ! » À peine raccroché, elle ne se gêne plus pour exprimer devant nous sa pensée profonde : « Le djihad ! Et puis quoi encore ! On verra… »

Mariam aurait-elle fini par rejoindre Boubaker avec un nourrisson ou lui aurait-elle désobéi ? Je ne le saurai jamais.

Quelque temps après la mort de Redouane, Boubaker est arrêté par les autorités syriennes alors qu'il tente de rentrer d'Irak *via* la Syrie. Le régime de Bachar al-Assad[1] n'est plus du tout conciliant avec les djihadistes étrangers, il est incarcéré à Far Falastin, l'une des prisons sécurisées les plus redoutées du pays.

1. Le président syrien.

CHAPITRE 12

Parenthèse

Ma mère est effondrée. Quant à moi, comme à chaque fois que la menace de ce frère violent s'éloigne, j'ai du mal à cacher ma joie.

L'étau de Boubaker se desserre, Mariam et moi quittons notre *niqab* pour revêtir un simple *hidjab* et nous autorisons à sortir, sans pour autant disposer d'une liberté totale. Ma mère veille toujours sur notre « honneur », tout comme Ali qui se pose comme chef de famille en l'absence de Boubaker ; il passe pourtant son temps à violer les règles islamiques de base.

Nous sommes en septembre 2004, un ami tunisien qui tient une boutique de vêtements a convaincu ma mère que je ne pouvais pas rester enfermée à la maison, il lui a indiqué une école où je pourrai recevoir une éducation, dans le respect strict de l'islam.

C'est ainsi que, après un an et demi de déscolarisation, j'entame ma rentrée au collège. C'est un établissement très particulier : un collège-lycée irakien hors contrat, installé dans le très chic 16e arrondissement de Paris.

Je découvre un monde inconnu, les élèves sont pour la plupart des enfants d'expatriés arabophones, fils et filles d'ambassadeurs pour certains. Avant la guerre, l'enseignement était gratuit, mais depuis la chute de Saddam Hussein, ce n'est plus le cas. Ma mère a dû harceler mon père pour qu'il paye le premier trimestre, il a fini par céder, de mauvaise grâce.

L'enseignement prodigué n'a rien à voir avec le programme français. J'ai des cours d'arabe littéraire, de géographie et d'histoire irakienne, d'éducation islamique et un peu de littérature française. Le *hidjab* est autorisé bien que facultatif. Je le porte, non par souci religieux, mais parce que je n'ai pas de vêtements corrects, il me permet de dissimuler en partie la pauvreté de ma situation.

Autant je m'intègre immédiatement auprès des élèves grâce à mon humour et à ma joie de vivre retrouvés après cette longue année passée cloîtrée, autant ce retour à l'école est un échec d'un point de vue scolaire. Je suis incapable de me concentrer sur les cours et d'apprendre mes leçons, mon esprit est ailleurs, accaparé par des pensées parasites. Je suis « perturbée », m'explique ma professeure d'arabe littéraire à qui j'ai fini par me confier, lui expliquant la mort de mon frère en Irak et la détention de Boubaker en Syrie. Elle demande un entretien avec ma mère, celle-ci ne daigne pas se déplacer.

Je suis déboussolée et sans repère, mais pas sans ressource en termes de débrouille. Pourquoi m'imposer de longues heures en classe alors que je peux enfin profiter d'une liberté que je n'ai jamais eue ? Je décide de sécher les cours.

Chaque matin, je vole deux ou trois cigarettes à ma sœur dans son paquet caché au-dessus de son placard, je pioche dans le portefeuille d'Ali bourré de billets issus de ses deals et je file, comme si de rien n'était.

Je me rends dans le quartier de La Défense où je rejoins une bande de copains, la plupart des lycéens de l'école irakienne, avec qui je passe mes journées jusqu'à l'heure de la fin des cours. Notre quotidien est bien rodé : nous assistons à la première séance de cinéma puis nous déjeunons dans un fast-food, nous traînons ensuite dans le quartier – souvent sur la terrasse du centre commercial –, discutant de tout et de rien, fumant des cigarettes, et nous rentrons chez nous.

Je prends également l'habitude de voler des CD de musique orientale dans les supermarchés, non pas pour moi, mais pour les offrir aux élèves de mon établissement les rares fois où je m'y rends. Je m'assure ainsi une véritable popularité à l'égard des lycéens plus âgés. Rétrospectivement, je m'étonne d'avoir pu reprendre aussi rapidement une vie sociale alors que j'en étais coupée depuis des années. Ma capacité d'adaptation à toutes les situations se révèle déjà, elle me servira à bien d'autres occasions par la suite.

Je garde un souvenir ému de cet épisode de ma vie au collège irakien, ce fut une bouffée d'oxygène dans une existence étouffante, hélas de courte durée.

Ma mère, en pleine dépression, a fini par rencontrer ma professeure d'arabe littéraire, cette dernière veut lui parler de la situation de Boubaker dont je lui ai rendu compte.

Lors de leur entretien, elle lui conseille d'écrire à Bachar al-Assad pour obtenir la libération de Boubaker et lui donne quelques contacts en Syrie. Après des semaines à se lamenter et à pleurer ses deux fils disparus, enfoncée dans le canapé, ma mère relève la tête, combative : elle va tout mettre en œuvre pour sauver Boubaker. Elle décide de partir en Syrie accompagnée tout d'abord d'Ali. Un court séjour dont elle revient dépitée : il va lui falloir du temps et de l'argent pour intervenir en faveur de mon frère. Puis elle décide de repartir, cette fois avec ma sœur et moi ; le voyage est censé durer trois semaines, nous y resterons trois mois.

CHAPITRE 13

Un hiver en Syrie

C'est mon premier grand voyage à l'étranger, à l'exception de la Tunisie où j'ai visité une partie de ma famille.

Arrivée à Damas, tout m'émerveille : l'architecture des mosquées, l'agitation bruyante du souk où notre hôtel est situé, les taxis et leurs décorations – je m'amuse de la présence d'un vrai lustre comme plafonnier dans l'habitacle et de la petite théière sur le tableau de bord qui accompagne tous les chauffeurs durant leur journée de travail –, les odeurs de la ville, si différentes de chez nous.

Je suis particulièrement touchée par l'hospitalité et la gentillesse des Syriens qui nous invitent à partager leur repas à la moindre occasion. Aujourd'hui, mes larmes coulent lorsque je pense au calvaire qu'ils ont vécu pendant la guerre civile et l'occupation d'une partie de leur pays par l'État islamique dont mon frère sera l'un des fervents lieutenants.

Ma mère et ma sœur sont rongées d'angoisse pour Boubaker et moi je m'égaye de chaque découverte, je ne me sens pas du tout concernée par l'objet de notre voyage.

Après quelques jours passés à l'hôtel, nous emménageons dans une maison louée pour l'occasion avec une gazinière au milieu du salon qui nous offre une chaleur bienvenue. À Damas, les hivers sont rudes. En plein mois de janvier, j'expérimente le froid mordant et la neige comme je n'en ai jamais connu à Paris.

Les procédures se révèlent longues et coûteuses. Ma mère a engagé un avocat, un opposant historique au régime qui a passé la moitié de sa vie en prison.

Je me souviens de cet homme calme, à l'écoute, mais chez qui on sent une certaine lassitude. Sur les murs de son cabinet sont accrochées des dizaines de tapisseries qu'il a patiemment tissées pour s'occuper au cours de ses longues périodes de détention. Il n'est pas bon d'être avocat sous un régime autoritaire comme celui de la Syrie.

Après avoir consciencieusement écouté ma mère, il s'engage à faire passer au plus haut niveau de l'État le courrier de demande de libération qu'elle a écrit.

En attendant, elle multiplie les démarches auprès d'intermédiaires, se ruine en suivant les conseils de vagues contacts obtenus à Paris. Je me demande encore comment elle a pu obtenir tout cet argent, certainement auprès des amis de Boubaker qui passaient régulièrement nous rendre visite dans le 19e et qui s'étaient émus de sa situation.

Quoi qu'il en soit, c'est grâce à un gros pot-de-vin auprès de l'administration pénitentiaire qu'elle parvient à organiser une rencontre avec mon frère en prison. Far Falastin est un établissement hautement sécurisé situé en périphérie de Damas et dont le simple nom évoque pour les Syriens l'effroi et la mort, mais ma mère n'en a cure, elle est prête à tout pour apercevoir son fils.

L'entrevue est rapide, elle découvre Boubaker amaigri, affaibli par le manque de sommeil. Il est réveillé chaque nuit par les cris des détenus torturés jusqu'au petit matin. « Parfois, les hurlements cessent d'un coup, on comprend que la personne vient de rendre l'âme », lui explique-t-il.

Il ne dit rien en revanche sur le sort qui lui est réservé, certainement échappe-t-il aux coups et aux maltraitances grâce à sa nationalité française.

À la sortie de cette rencontre, ma mère nous rejoint dans le taxi où nous l'attendons, à distance de la prison, car aucun Syrien n'ose l'approcher. Elle tremble de ce qu'elle vient de voir et d'entendre, mais elle ne perd pas espoir : notre avocat a reçu une réponse du cabinet de la présidence à son courrier, Boubaker devrait bientôt être libéré.

Je pleure dans l'avion du retour, j'ai découvert un monde nouveau au cours de ce voyage, et je crains qu'un quotidien monotone m'attende à Paris. Il est exclu que je retourne au collège après des mois d'absence et, de toute façon, ma mère ne veut plus payer les frais de scolarité. Elle n'a que faire de ma destinée, l'attention tournée exclusivement sur la situation de Boubaker.

CHAPITRE 14

Nos prisons

Ma mère exulte au milieu du salon en m'annonçant la bonne nouvelle : ses longues démarches ont payé, Boubaker vient d'être libéré de Far Falastin, il rentre en France. Officiellement, il n'a commis aucun acte délictueux sur le sol syrien.

Je reste sans voix, je suis au bout de ma vie ! Ce n'est pas possible, dites-moi que c'est un cauchemar ! Depuis que nous sommes rentrées à Paris, j'espérais secrètement un revirement des autorités syriennes.

Le jour de son arrivée à Roissy, ma mère, Yasmina et moi partons à l'aéroport pour l'accueillir, conduit par un ami de mon frère. Il est hors de question que Boubaker, ce pauvre petit chéri, rentre en RER. Et il est hors de question aussi que je ne fasse pas partie du comité d'accueil, bien que ma mère sache que je ne porte pas Boubaker dans mon cœur.

La veille, elle a préparé des tonnes de nourriture : des bricks, du tajine, de la viande rouge, des gâteaux, de l'orge avec des raisins secs et du miel… Elle veut absolument qu'il reprenne des forces, inquiète de l'avoir découvert amaigri en prison. Je ne sais pas à quoi elle peut bien penser, comme s'il allait prendre le temps de manger tout ça sur l'un des bancs de l'aéroport…

Nous débarquons dans le hall du terminal, chargées de deux énormes glacières où s'empilent les Tupperware et nous commençons à patienter au milieu des voyageurs. Secrètement, je prie pour que l'avion n'arrive jamais : « Mais faites que ce p… d'appareil soit détourné, qu'il se crashe ! » Je suis prête à ce qu'il disparaisse à tout jamais plutôt que de le supporter à nouveau.

Soudain, ma mère lève la tête et crie « Boubaker, Boubaker, Boubaker ! ». Nous avons à peine le temps de l'apercevoir en haut d'une passerelle qu'il est emmené, menotté, par des policiers cagoulés.

Je ne peux que feindre l'accablement et cacher mon soulagement pendant qu'elle s'effondre en larmes et pique une crise de nerfs au milieu des arrivées.

Nous sommes repartis de Roissy avec les glacières encore pleines et ma mère en pleurs. Il fallait tout de même une certaine dose d'aveuglement de sa part pour imaginer un seul instant que Boubaker, après plusieurs mois passés en prison en Syrie, débarquerait tranquillement sans être interpellé par les autorités françaises. Les services antiterroristes étaient informés de ses activités, ce n'était un secret pour aucun d'entre nous.

Les policiers de la DST[1] avaient procédé quelques mois auparavant à un coup de filet dans le quartier. Ils avaient arrêté Farid Benyettou, interrogé sa mère et sa sœur, ainsi que d'autres personnes en lien avec les nombreux départs de jeunes du 19e arrondissement en Irak.

Les noms de mes frères et de ses copains étaient apparus dans les journaux, désignés comme les membres d'une « filière d'acheminement de combattants en Irak » surnommée la « filière des Buttes-Chaumont ». Des journalistes du *Parisien* avaient débarqué chez nous pour nous questionner sur la mort de Redouane et la présence de Boubaker sur le front irakien. Méfiants, nous avions raconté un peu n'importe quoi ; à cette occasion, nous avions appris que nous étions surveillés depuis des mois par la police, certainement sur écoute.

À l'époque, inquiètes de la tournure que prenaient les événements, ma mère et ma sœur s'étaient présentées d'elles-mêmes au commissariat pour témoigner et devancer une éventuelle perquisition à notre domicile. Elles n'avaient pu que confirmer aux agents de la DST ce qu'ils savaient déjà et étoffer un peu plus leurs dossiers sur le niveau de radicalisation de notre famille.

1. Direction de la surveillance du territoire (DST), le service de renseignement du ministère de l'Intérieur remplacé par la suite par la DGSI.

En Syrie aussi, nous avions été suivies, par les services secrets syriens, français, mais aussi tunisiens, je l'apprendrai des années plus tard en Tunisie de la bouche de l'un de leurs agents qui m'avouera ne pas nous avoir lâchées d'une semelle durant notre séjour à Damas.

Boubaker est incarcéré, en attente de jugement, et c'est reparti pour un tour : ma mère remue ciel et terre pour obtenir l'autorisation de le visiter. Elle engage les services d'un avocat chargé de le défendre et de nous en apprendre un peu plus sur sa situation.

Je me remémore notre visite à son cabinet parisien : ma mère et moi, impressionnées par l'ambiance feutrée, ma mère qui pleure, se lamente, demande quand Boubaker va pouvoir sortir. Et soudain l'avocat qui désigne d'un geste les énormes piles de dossiers derrière lui : « Mais madame, est-ce que vous vous rendez compte que tous ces documents concernent votre fils ! »

Au bout de plusieurs mois de démarches, l'avocat nous obtient un droit de visite. La famille au complet, nous nous retrouvons serrés les uns contre les autres dans une salle exiguë du parloir de la prison, attendant, fébriles, l'entrée de Boubaker. Lorsqu'il apparaît, j'hésite un instant, je le reconnais à peine tant il a changé : le jeune homme trapu au visage lisse est devenu une montagne de muscles – il a pris dix kilos à force d'exercice physique dans sa cellule – et porte une barbe épaisse et des cheveux longs.

Je craignais ces premières retrouvailles, je ne suis vêtue que d'un *hidjab* laissant mon visage dévoilé, mais mon frère se montre affable, prend de mes nouvelles. Une pensée m'effleure : aurait-il changé ? Je comprends au fil de la discussion qu'il pèse ses mots. Il nous fait signe, désignant ses oreilles et les murs de la pièce, qu'il se méfie : il pense que nous sommes sur écoute.

Alors qu'il nous raconte son séjour en Irak, il se met à mimer un geste d'égorgement avec son pouce puis indique de ses doigts le chiffre 3. Oui, il a tué trois soldats en Irak, acquiesce-t-il en hochant la tête, une lueur de fierté dans ses yeux sombres.

Désormais, notre existence est rythmée par les parloirs. Ma mère et ma sœur ne vivent que pour eux, se déplacent au gré des transfèrements de Boubaker, parfois à plusieurs heures de route. Au début, je les accompagne, puis j'espace mes visites, car je me rends vite à l'évidence : non, mon frère n'a pas changé, il est toujours aussi agressif et menaçant. En plein parloir, il m'assène ses récriminations, il veut m'interdire la télé, les sorties, la musique… Il m'intime l'ordre de retrouver la « voie de la religion » et ne manque pas de jeter un regard dédaigneux sur mon léger voile, si « impudique » par rapport au voile intégral qu'il m'avait imposé.

Il peut toujours courir avant que je le remette, me dis-je, sa détention me protège, je suis dehors et lui enfermé entre quatre murs. Après une énième réprimande, je décide d'accompagner ma mère uniquement lorsque c'est nécessaire ; je resterai désormais dans la salle d'attente de la prison, je ne veux plus le voir.

Ali renonce lui aussi aux parloirs après avoir subi la colère de Boubaker lorsqu'il a appris que son petit frère était devenu un délinquant. Ali, abandonné à lui-même alors qu'il est en pleine adolescence, finit régulièrement au poste de police pour trafic de stupéfiants. Il rentre à n'importe quelle heure, complètement saoul et défoncé au shit. Il a confié son désarroi à une juge des enfants qui a convoqué notre père pour lui rappeler ses obligations parentales. Ce dernier ne fera pas grand-chose et Ali finira par passer quelques mois dans un centre fermé pour mineurs.

Boubaker est en prison, mais son emprise sur notre famille n'en est pas pour autant terminée. Par je ne sais quels moyens, dès ses premiers jours de détention, il a obtenu un portable et passe des heures au téléphone avec ma sœur qui s'est ralliée à sa cause. Cette dernière, autrefois en conflit permanent avec lui, le visite trois fois par semaine, au point d'abandonner son travail pour privilégier ces parloirs. Parfois, Boubaker exige que je lui parle, je suis immédiatement morte de peur, prise de maux de ventre et de diarrhées. Nos conversations sont limitées, il se borne la plupart du temps à me demander de télécharger des heures d'*anachids* sur des sites Internet islamistes très confidentiels dont il me dicte les adresses en arabe. Je m'y attelle consciencieusement, l'ordinateur mouline des nuits entières pour remplir la carte mémoire que ma mère donne discrètement à Boubaker au parloir. Il la dissimule ensuite dans sa barbe pour passer les fouilles.

Boubaker a très vite su tirer parti de son passage en prison. Grâce à l'argent de ma mère et de ses copains, il est toujours habillé de façon impeccable avec le dernier modèle de baskets et de survêtement. Il mange bien, il est seul en cellule, il a le téléphone, un walkman pour écouter ses prêches. Moi à qui on n'achète jamais rien, ça me rend dingue. Il a même le culot de me demander de l'argent gagné lors de mes baby-sittings. Il m'avait pourtant ordonné de ne pas travailler pour des « mécréants », considérant cette activité *haram*.

C'est tout mon frère, mon argent est *haram*, sauf quand il finit dans sa poche.

Boubaker bénéficie d'un régime spécial auprès de certains détenus. Ils sont impressionnés par son parcours de djihadiste, ils le considèrent comme un imam et le protègent comme tel. Il organise même des prières en promenade, au vu et au su de tous. Une vidéo est ainsi tournée à la maison d'arrêt de Villepinte en 2008 où on le voit diriger la prière de l'Aïd, entouré de deux « gardes du corps ».

Nous aurions pu rompre avec Boubaker, il n'était pas trop tard. Il aurait fallu se défaire par nous-mêmes de cette idéologie salafiste enkystée dans nos crânes, reprendre le cours de nos vies, réapprendre à rire, retrouver nos amis d'hier. Mais le monde de mon frère était devenu le nôtre, même si mon âme d'adolescente oscillait entre ma loyauté à l'égard de ma famille – de ma mère surtout – et mon désir inextinguible de liberté.

CHAPITRE 15

Mariam

Elle avait fui le terrorisme en Algérie, il l'avait rattrapée à Paris sous l'aspect d'un mari pieux aux yeux si sombres. Elle a supporté ses coups, acquiescé à ses leçons de morale, accouché d'un petit garçon qu'elle n'espérait plus. Elle a observé durant des mois cette famille qui ne serait jamais la sienne, sans rien laisser deviner de ses pensées, de ses projets. Puis elle a fui à nouveau.

C'était un matin, j'étais accoudée au balcon et je regardais les passants partir au travail. J'ai vu soudain Mariam sortir en courant de notre immeuble. Elle m'a jeté un regard par-dessus l'épaule, elle a levé le bras et balayé l'air de sa main en signe de dépit.

Le lendemain, le jour de l'Aïd, elle est revenue encadrée par des policiers, elle avait porté plainte pour séquestration et violences. Sans un mot, Mariam a pris son enfant des bras de ma sœur et récupéré quelques affaires.

Boubaker était alors détenu en Syrie et les policiers, après avoir découvert notre appartement propre et bien rangé, la chambre de Mariam si accueillante avec ses beaux meubles et son petit frigo, ont montré des doutes concernant ses déclarations. Séquestrée, ici ? En plein Paris ? Et ce petit garçon en pleine santé, habillé de ses beaux habits de fête. Mariam n'en aurait-elle pas rajouté ?

La femme de Boubaker est repartie avec mon neveu pour rejoindre un foyer d'accueil d'urgence et demander le divorce.

Une fois mon frère incarcéré en France, elle n'est jamais allée le visiter en prison. Elle souhaitait tout de même que son fils connaisse son père et l'a confié donc trois fois par semaine à Yasmina afin qu'elle l'emmène au parloir. Si Mariam avait su ce dont Boubaker était capable, elle aurait disparu avec son enfant à tout jamais.

CHAPITRE 16

Sous surveillance

Trois ans ont passé depuis l'arrestation de Boubaker à Roissy, il est toujours en détention préventive, transféré d'une prison à une autre à cause de son activité prosélyte à l'égard des autres détenus.

Vous vous souvenez : mon frère, on ne le convainc pas, c'est lui qui vous convainc.

Je peux ajouter, à ce stade de mon récit, qu'une fois qu'il vous a convaincu et enfermé dans son univers, il faut ramer pour lui échapper. Alors je rame.

J'ai 16 ans, Boubaker est omniprésent. Sur sa demande, je suis surveillée en permanence soit par ma mère, soit par mon frère Ali, soit même par ses amis djihadistes et leur entourage. Ces derniers nous visitent régulièrement, glissent quelques billets à ma mère. Ils prennent des « nouvelles ». Ils s'assurent surtout que la petite sœur de Boubaker reste « pure et vierge », qu'elle porte son voile et se comporte en bonne musulmane.

Ma mère ne côtoie plus que des femmes salafistes qui envahissent notre domicile en *niqab*, passent leur temps à critiquer la moralité des autres – pire que l'œil de Moscou – et profitent de son hospitalité sans lever le petit doigt ni débourser un centime, ce qui met Yasmina en rage, elle qui se tape en permanence la vaisselle et le ménage.

Ma mère a mis nos vies en suspens dans l'attente de la libération de son fils. Les rires se sont tus, nous sommes dans un deuil permanent auquel s'ajoute le poids des règles strictes du salafisme. Même la fête de l'Aïd n'en est plus une. C'est pourtant une journée de joie chez les autres musulmans, au cours de laquelle tout le monde s'habille de ses beaux habits et où les enfants et adolescents se voient offrir des cadeaux et un peu d'argent. S'inspirant des propos de Boubaker, ma mère a décrété que ces traditions qui entourent les fêtes étaient *haram*, des *bid'ha*[1], comme les anniversaires que nous ne fêtons plus depuis des années. Pendant que tous festoient dans notre quartier, je ne suis autorisée qu'à aller à la mosquée et à manger les restes de mouton que ma mère a récupérés à la boucherie halal.

Cette obsession de ma mère à diffuser tristesse et malheur en ce jour de fête m'a marquée jusqu'à

1. Des innovations, des éléments, des pratiques nouvelles qui ne sont pas apportés par le Coran. Les *bid'ha* sont des hérésies pour les salafistes.

aujourd'hui. Je ne supporte pas la journée de l'Aïd, je la passe toujours seule à pleurer. Elle me rappelle combien ma mère n'a rien fait pour rendre mon existence légère, préférant se morfondre sur le sort de Boubaker.

Cette vie est insupportable pour l'adolescente que je suis, je m'organise donc comme si j'étais moi-même en prison : j'efface mes historiques lorsque je surfe sur Internet où, comme n'importe quelle jeune femme, je tchate sur Skype et sur le forum de Skyrock, je cache un téléphone sur lequel j'inscris les contacts des personnes que je rencontre en dehors de notre milieu. Je pense déjà qu'ils pourront me servir plus tard.

Je noue facilement des liens d'amitié avec celles et ceux que je croise sur mon chemin, que ce soit sur le marché ou lors de mes baby-sittings en fin de journée et le mercredi. Je garde régulièrement deux jeunes enfants que j'emmène en promenade comme bon me semble, notamment au parc de la Villette où je me suis fait une petite bande de copains, des jeunes Tunisiens arrivés du bled sans papier qui se foutent totalement de la religion et avec qui je peux être moi-même, la Fatma drôle et sociable, un peu sans filtre, mais c'est ce qui fait son charme.

L'un d'eux me plaît beaucoup. Je suis amoureuse de lui, mais lorsque je me décide à l'embrasser, je suis prise d'une véritable panique. Mon frère, par ses propos incessants sur la nécessité de préserver ma virginité, a réussi à s'immiscer jusque dans mon intimité. Je vis tellement coupée de l'extérieur que, même si j'ai parfois très envie d'expérimenter ma sexualité, je ne peux imaginer de passer à l'acte tant je suis pétrie de tabous insurmontables.

Je cloisonne mes relations, je suis sur le qui-vive en permanence, jamais à l'abri d'une dénonciation de la part de mes amies proches, celles de notre entourage salafo-djihadiste. Djamila, une proche de Farid Benyettou, a ainsi balancé à Ali que je fumais en cachette. Nous étions pourtant devenues intimes depuis que Farid a été incarcéré pour sa participation à la filière des Buttes-Chaumont. J'aurais dû me méfier, Djamila est ambivalente, se présentant à la fois comme très religieuse – elle a volontairement quitté le collège pour pouvoir porter le *hidjab* – sans pour autant effectuer ses cinq prières par jour, et se délectant de séries télévisées et de musique. Elle qui s'est mariée très jeune avec un islamiste algérien expulsé de France pour ses positions radicales, c'est à n'y rien comprendre.

J'ai tenté de reprendre mes études en m'inscrivant à un CAP de pâtisserie. Je n'ai jamais franchi la porte du centre de formation, mon frère Ali m'en a fermement dissuadée, soulignant que je ne pourrais pas porter le voile durant mes cours et que personne ne voudrait de moi avec un *hidjab* dans un commerce.

Je n'en peux plus d'Ali, il joue les gros bras en famille, critique Boubaker, le désigne à l'origine de tous nos problèmes et s'incline pourtant devant lui à sa moindre remarque au téléphone. Comme nous tous, il est terrorisé par notre frère aîné. En attendant, il est devenu le « bonhomme du quartier », il s'habille en Dior grâce à l'argent de ses trafics, consomme de la cocaïne à gogo tout en m'épiant en permanence pour être sûr que je ne fréquente aucun garçon.

Bref, je rame et ce n'est qu'un début.

CHAPITRE 17

Peter Cherif

Je me tiens accroupie dans le couloir, entourée de ma mère et d'une assemblée de femmes en tenue de fête. Attentives, nous écoutons derrière la porte du salon un jeune homme égrener des *hadith* et jouer le rôle de l'imam qu'il n'est pas.

C'est l'été 2009, j'ai 17 ans. Aujourd'hui, je me marie.

Nous devinons la présence des invités masculins. La voix de Boubaker retentit régulièrement depuis son téléphone, il est sur haut-parleur afin qu'il puisse suivre la cérémonie de sa cellule. C'est lui qui a choisi mon mari. Il s'appelle Peter Cherif.

Cet homme, je ne le connais pas ou à peine. Je ne l'ai rencontré qu'une fois, il y a quelques semaines, à l'occasion d'un trajet en voiture jusqu'à une ferme en banlieue parisienne où nous sommes allées acheter du poulet halal avec ma mère. Peter Cherif est venu nous chercher, accompagné de Mohamed El

Ayouni[1], un ami de mon frère qui veille souvent sur nous. Ce dernier, borgne et amputé d'un bras depuis sa participation à la bataille de Falloujah en 2004 en Irak, a assisté aux derniers jours de mon frère Redouane, un gage de confiance pour Boubaker.

Peter Cherif, un grand métis portant la barbe et le *qamis*, conduit la voiture et me lance des regards insistants à travers le rétroviseur. Je suis d'autant plus gênée de le voir ainsi m'observer que je le trouve plutôt beau gosse. Comment un ami de mon frère peut-il se permettre de jeter ses yeux sur moi ?

Une fois à la ferme, je m'en étonne auprès de ma mère. « Tu en penses quoi, toi, de ce garçon ? », me répond-elle avec un clin d'œil complice, sans s'offusquer du tout de l'intérêt que Peter porte à ma personne.

Le lendemain, elle remet le sujet sur le tapis, mais cette fois plus explicitement : « Il est mignon, hein, Peter ? Tu ne voudrais pas te marier avec lui ? » Je réponds non, sans hésiter.

Boubaker, avec qui je n'ai plus de contact depuis longtemps, demande alors à me parler au téléphone :

« Mais si, m'assure-t-il sans trop insister pour ne pas me braquer, tu vas te marier avec Peter, c'est un ami.

1. Condamné une première fois en 2008 pour sa participation à la filière des Buttes-Chaumont, Mohamed El Ayouni a été condamné par la suite pour sa participation à une tentative d'évasion d'un vétéran du djihad, Smaïn Aït Ali Belkacem, puis une tentative de départ en Syrie pour rejoindre l'État islamique. En détention, il a agressé en 2019 un surveillant de la prison du Havre.

– Non ! » Je mets fin à la conversation.

À partir de ce jour, commence un travail de sape permanent de ma mère pour que je change d'avis : « Tu verras, avec lui tu auras ton appartement, tu seras autonome. Tu te rends compte, avoir ton chez-toi, ça serait super ! Et puis à tes 18 ans, tu pourras toujours te marier à la mairie si tu le souhaites, ou pas d'ailleurs… »

Moi qui ne rêve que de passer mon permis, trouver un travail et fuir notre domicile, je suis sensible à ces arguments. Mais ce qui me fait plier définitivement, c'est le chantage affectif de ma mère à mon égard, un exercice qu'elle maîtrise à merveille. Elle utilise toute sa gamme pour me culpabiliser, elle feint la tristesse, boude, m'ignore, pour tout à coup revenir à la charge et multiplier les mots gentils et réconfortants. Elle pourrait écrire le guide de la manipulation mentale à destination des mères, elle cartonnerait.

Je n'ai pas pu résister, j'ai fini par accepter, me convainquant moi-même que ce mariage serait le début de ma liberté.

Assise dans le couloir, je prononce le mot « oui ». Depuis le salon, j'entends Peter acquiescer à son tour. Voilà, nous sommes mariés religieusement. Il n'est pas question pour autant d'ouvrir la porte qui nous sépare, nous ne nous verrons pas ce jour-là. Les hommes repartent pour nous laisser entre femmes célébrer ce mariage qui, légalement, n'en est pas un.

En entrant dans le salon, je découvre que Peter m'a laissé un paquet sur la table basse. C'est un *niqab*, son cadeau de mariage. Je n'y prête pas attention, je ne veux penser qu'à cette nouvelle vie qui s'offre à moi et à cette journée où je suis, pour une fois, au centre de l'attention. Le matin même, une coiffeuse m'a coupé les cheveux et les a teints couleur miel, je veux plaire à mon nouveau mari qui, pour l'instant, ne m'a aperçue que voilée.

La mère de Peter, Sarah, une femme de caractère, handicapée suite à une maladie, me parle de son fils, tout heureuse d'échanger avec sa nouvelle belle-fille. « Tu n'aurais pas dû couper tes cheveux, Peter les aime longs », me dit-elle, avant de me confier : « Il faut que tu saches : il arrive que Peter soit très agité dans son sommeil. Il se met à donner des coups de poing dans le vide, il risque de te frapper sans le vouloir. Ce n'est pas grave, c'est à cause de ce qu'il a subi en Irak. Il va changer, il lui faut juste une femme. »

Je n'écoute que d'une oreille, pour dire vrai, je m'en fous un peu de qui est Peter Cherif, du moment que je suis avec un autre homme que Boubaker.

J'apprends tout de même par ma belle-mère que mon mari est lui aussi un membre de la filière des Buttes-Chaumont. Il a connu mon frère Redouane, il a combattu à Falloujah avec Mohamed El Ayouni avant d'être capturé par des soldats américains. Peter a été détenu dans la sinistre prison d'Abou Ghraib[1], puis

1. Ce complexe pénitencier situé à 32 km de Bagdad a longtemps été un lieu de détention, de torture et d'exécution de prisonniers

du Camp Bucca et de Badoush dont il s'est échappé à l'occasion d'une mutinerie pour se rendre ensuite aux autorités françaises. Il est en attente de son procès et risque d'être condamné à de la prison ferme. Pour l'instant, il est sous contrôle judiciaire, libre.

Soudain, mon portable sonne, c'est lui. Il me salue pendant que je passe sur le balcon afin de discuter tranquillement. Au cours de la conversation, il a ces mots qui me remplissent de joie : « Tu es la femme de mes rêves, j'ai toujours rêvé de toi. »

Jamais personne ne m'a tenu un tel langage, je suis bouleversée.

---

politiques entre les mains de la police politique de Saddam Hussein. À la chute de ce dernier en 2002, l'armée américaine en a pris le contrôle. La diffusion en 2004 de photographies prisent par des soldats américains montrant des détenus irakiens torturés, attachés à des câbles électriques, obligés de poser nus ou bien menacés par des chiens de garde déclenche ce que la presse internationale surnomme « le scandale d'Abou Ghraib », provoquant une vive critique de l'intervention américaine en Irak.

CHAPITRE 18

Mon « mari »

« Tu es si belle, je veux que personne ne puisse te voir tellement tu es belle. » Par ces mots, Peter Cherif a réussi à me convaincre, dès le lendemain de notre mariage, de revêtir le *niqab* qu'il m'a offert. Mais avais-je le choix ?

J'ai quitté l'emprise d'un frère salafo-djihadiste pour me retrouver dépendante d'un mari tout aussi radical et peut-être encore plus déséquilibré psychologiquement. Sa mère m'avait prévenue à mots couverts, mais ce que je découvre va bien au-delà de ce qu'elle m'a décrit.

Aux premiers jours de notre mariage, j'ai la chance de ne pas partager son quotidien, ni son intimité. Il n'a pas d'appartement et vit chez sa mère, je continue donc d'habiter auprès de ma famille. Il passe beaucoup de temps chez nous, révélant peu à peu une personnalité perturbée.

Un événement va m'alerter sur la violence dont il est capable.

C'est l'été, nous roulons sur le périphérique à bord de la BMW qu'il vient de s'acheter et dont il est très fier. Nous allons rendre visite à mon père, je suis recouverte de mon *niqab* comme à chaque fois que je sors en public. Il fait chaud malgré les fenêtres ouvertes, je transpire et je manque d'air sous l'épais tissu noir. La circulation est dense, le trajet interminable. Exceptionnellement, Peter m'autorise à me dévoiler. Je remonte une couche de mon *niqab* et laisse apparaître mes yeux.

Alors que nous roulons au pas, une voiture nous dépasse sur la droite et son conducteur me jette un regard, certainement surpris par mon accoutrement.

En un instant, Peter bondit hors de notre véhicule. Il saisit l'homme par sa fenêtre ouverte et lui assène de violents coups de poing devant les passagers médusés. Son accès de rage est tel que je crains qu'il s'en prenne ensuite à moi, mais il reprend finalement le volant sans un mot, ne desserrant plus les dents du trajet.

J'ai peur de Peter, de ses réactions imprévisibles. Paradoxalement, je suis aussi flattée de l'intérêt qu'il me porte. Jamais personne n'a pris soin de moi, je réponds donc à ses sollicitations amoureuses en esquivant toutes relations sexuelles. Je sais pourtant bien qu'un jour ou l'autre il va falloir que j'y passe.

Ce sera le cas en septembre 2009, pendant le ramadan, alors que nous sommes seuls dans l'appartement de ma mère. Tout le monde est parti à la mosquée, je ne peux plus l'éviter.

Je n'ai jamais eu de désir pour Peter, j'aurais aimé pouvoir lui dire non, certainement, mais la question ne se pose même pas. J'ai 17 ans, je suis mariée, dans notre petit milieu salafiste, c'est comme ça. Quant à lui, autant vous dire qu'il ne se soucie absolument pas de savoir si j'en ai envie ou pas.

Ma lune de miel n'a jamais commencé, il m'est donc difficile de vous dire quand elle s'est terminée. Ce dont je suis certaine, c'est qu'au fil des semaines Peter est devenu de plus en plus autoritaire. Il critique mon manque d'assiduité religieuse, mon absence d'entrain à le servir telle qu'une épouse est censée le faire dans le milieu radical où nous évoluons. Depuis que nous sommes mariés, je n'ai plus le droit de sortir, à quelques rares exceptions près et en sa présence, comme lorsque nous sommes allés rendre visite à mon père, ou encore pour visiter une ou deux fois Boubaker en prison.

À la maison, quand Peter est là, l'atmosphère est devenue pesante, à croire qu'il veut prendre la place de mon frère aîné. Sauf que ma mère n'a pas l'intention de plier devant son gendre.

Un jour, une dispute éclate entre eux, Peter l'insulte, la traitant de « sale Djinn[1] ». C'en est trop, j'explose, laissant déborder toute ma frustration accumulée depuis

1. Dans le Coran et les légendes musulmanes, le Djinn est un être généralement malfaisant, créé à partir de feu sans fumée, entre l'homme et l'ange, et il peut apparaître sous différentes formes.

des semaines. Je m'attrape les cheveux, feignant de les arracher et hurle, hors de moi : « Comment peux-tu parler ainsi à ma mère ? » Je me précipite vers elle et la supplie : « Je veux divorcer, je ne veux plus qu'il m'approche ! » Peter se jette aux pieds de ma mère pour s'excuser, elle l'écoute sans un mot. Ce jour-là, je n'obtiendrai aucun soutien de sa part.

Une fois Peter parti, j'appelle mon frère en prison et lui réitère mon désir de rompre ce mariage arrangé que je n'ai jamais voulu. Je lui explique que Peter m'impose des rapports sexuels, qu'il me frappe pour ne pas avoir fait mes ablutions, qu'il est « méchant ». Au bout du fil, Boubaker est catégorique : « Tu restes mariée avec lui jusqu'à ce que je sorte, tu m'obéis, on verra après. »

Je ne peux accepter cette décision, Boubaker a été condamné à sept ans de prison ferme quelques mois auparavant lors du procès de la filière des Buttes-Chaumont. Il a écopé de la plus lourde peine pour son rôle de combattant en Irak et n'a pas fait appel, estimant qu'il ne reconnaissait que la justice de Dieu. Conditionnelle et remises de peines incluses, j'en ai encore pour des années à supporter mon pseudo-mari.

Je décide pour la première fois de m'enfuir. Je récupère quelques affaires, abandonne mon *niqab* et disparais dans le métro pour rejoindre la famille de mon père, espérant qu'ils sauront me comprendre.

Ma belle-sœur m'accueille chez elle, près du métro Blanche, dans le 18e arrondissement. Pendant une semaine, je profite un peu de ma liberté, je sors en journée découvrir le quartier. Pour la première fois, je rentre dans un bar chicha et fume un narguilé, j'adore ! Je m'achète aussi un portable, je n'en ai plus depuis mon mariage, et je décide de le dissimuler dans mes affaires au cas où... Il me sera d'une grande utilité par la suite.

Ma fugue aura été de courte durée, mon demi-frère, dont ma belle-sœur est séparée depuis peu, rentre à son domicile et découvre ma présence. Il appelle immédiatement Ali afin qu'il vienne me chercher.

Je pars me réfugier chez mon père. Sans grande surprise, ce dernier ne veut pas m'héberger. Je suis mineure, mariée contre mon gré, mais ce n'est pas son problème, m'explique-t-il. Après mes supplications, mes pleurs et de multiples échanges téléphoniques avec ma mère, j'accepte finalement de rentrer avec la promesse de ne plus revoir Peter.

Je me doute de ce que vous pensez à la lecture de tout ce que je viens de vous narrer : mais pourquoi n'est-elle pas allée au premier commissariat venu pour dénoncer ce qu'elle subissait ?

En France, mon mariage religieux n'a aucune valeur légale, d'autant qu'il doit être précédé d'un mariage civil. Et ce dernier n'est possible qu'à la majorité des conjoints, or je n'ai que 17 ans. Quant à ma déscolarisation à 11 ans, elle est illégale et ce n'est pas d'aujourd'hui : l'école est obligatoire jusqu'à 16 ans depuis 1959 !

J'ai pensé dénoncer ma mère aux services sociaux, dénoncer aussi mon frère, mais j'ai trop peur des conséquences. Déposer une plainte pour violence et mariage forcé contre Boubaker alors qu'il est en prison, avec ses copains dehors toujours en train de nous surveiller, est-ce que je ne risque pas de me prendre une correction monumentale ou pire ? Oui, j'ai peur de ces hommes, frères et amis, aux yeux de qui je ne vaux pas grand-chose.

Et puis surtout, je ne peux me résoudre à ce que ma mère se retrouve dans le pétrin par ma faute. À l'époque, je suis convaincue que tout ce qui m'arrive est de ma responsabilité, moi qui m'entête à ne pas me plier aux règles du salafisme, à ne pas être une femme pieuse, une bonne épouse moralement irréprochable. L'emprise de ma famille est encore trop forte, je suis très dépendante affectivement de ma mère.

Je suis donc rentrée. Je veux croire à ses promesses, j'espère qu'elle aura compris mon mal-être et qu'elle me sauvera de ce mariage dont je ne veux pas. Cette fugue sera la dernière, me dis-je, tout va s'arranger.

Je suis si jeune, je ne peux imaginer qu'il me faudra fuir à nouveau, toujours.

Après quelques jours de tranquillité, Peter revient à la charge. Il ne s'impose pas, non, c'est beaucoup plus insidieux. Il passe à la maison, dépose un bouquet de fleurs, un petit cadeau… Ma mère me les transmet, ajoutant un commentaire : « Tu vois, il est gentil, il s'excuse. » Elle n'a rien lâché sur ce mariage qui lui permet de se débarrasser de moi. Je me sens soudain de trop dans cet appartement où je n'ai toujours pas ma chambre, malgré l'absence de Boubaker et de Yasmina.

Alors oui, je cède, je revois Peter. Oui, je veux croire à ses excuses, à ses promesses de nouveau départ. « C'est la faute de ta mère si ça ne va pas entre nous, m'explique-t-il, elle me rabaisse systématiquement et, en tant qu'homme, je ne peux pas accepter d'être traité de la sorte devant toi. »

Nous décidons que j'habiterais désormais avec lui chez sa mère, Sarah. « Tu verras, tout ira mieux, me promet Peter, et tu n'auras plus besoin de mettre un *niqab* puisque tu ne le souhaites pas. » Je prends une valise avec quelques vêtements dans laquelle je cache le téléphone acheté lors de ma fugue, puis nous partons, à quelques stations de métro de chez moi, toujours dans le 19e arrondissement.

CHAPITRE 19

Quatre murs

Je ne pourrais vous décrire le salon de l'appartement de Sarah, pas plus que la cuisine. Je ne les ai jamais vus. Je n'ai même jamais croisé son compagnon qui vivait pourtant avec elle.

Dès que je suis arrivée à leur domicile, Peter m'a guidée directement dans sa chambre : une petite pièce où tenaient tout juste un lit d'une place, un bureau avec un ordinateur et une armoire où j'ai rangé ma valise. Il est parti travailler – il était livreur de pizzas – et il a fermé la porte à clé derrière lui, afin de m'isoler du reste de la maison.

Je ne suis pratiquement plus sortie de cette chambre, sauf pour aller aux toilettes et dans la salle de bains situées juste en face. Peter m'accompagnait aussi de temps à autre pour la prière de l'aube dans la salle improvisée en mosquée d'un foyer Sonacotra à côté de son domicile. J'étais toujours seule dans la partie réservée aux femmes. Peter m'avait promis que je n'aurais plus à porter mon voile intégral, il ne m'avait pas vraiment menti. Je n'ai eu à m'en revêtir que pour ces rares sorties au petit matin, encadrée par mon « mari ».

Lorsque j'étais seule dans l'appartement, la porte d'entrée était verrouillée de l'extérieur, j'entendais Peter ou sa mère tourner la clé dans la serrure lorsqu'ils partaient. J'ai été séquestrée pendant deux mois, trois mois peut-être ? Ma mémoire résiste, elle esquive. La Fatma de 17 ans aimerait oublier. Celle d'aujourd'hui, en revanche, force ses souvenirs à la recherche des moindres détails. Je veux comprendre comment tout cela fut possible.

Je répète le mot « séquestrée », je ne le connaissais pas avant de participer à l'écriture de ce livre. « Séquestrée », oui c'est le mot.

J'ai été enfermée dans cette chambre, nourrie essentiellement de céréales au miel et de lait que Peter Cherif me rapportait entre deux livraisons. Lui qui était livreur de pizzas, je doute d'en avoir mangé une seule part durant tout mon séjour. Je dormais sur le petit lit et lui sur le sol, faute de place. Il n'y avait aucune affection entre nous, la nuit, il se mettait sur moi, m'imposait des rapports sexuels. Je ne disais pas non, les mots ne sortaient pas de ma gorge, mais je pleurais, souvent, et lui s'en foutait complètement, je pense même que mes larmes lui plaisaient.

En son absence, j'aurais certainement pu appeler à l'aide par la fenêtre, tambouriner sur les murs jusqu'à ce qu'un voisin alerte la police, ou même forcer la porte pour m'enfuir, mais je n'ai rien fait de tout cela. J'étais terrorisée par cet homme imprévisible, physiquement imposant, qui rentrait à n'importe quel moment de la journée pour s'assurer que j'étais bien là, soumise à sa volonté.

Peter Cherif m'a séquestrée et violée. Aussi incroyable que cela puisse paraître, à l'époque, sans pour autant l'excuser car ma haine à son égard était infinie, je trouvais son comportement normal. J'avais voulu lui échapper, ôter mon *niqab*, désormais il déciderait de chaque moment de ma vie, épiant mes réactions, fouillant les historiques de l'ordinateur. Oui, pensais-je, après tout ce n'était pas une surprise : il se comportait comme la plupart de ces hommes que j'avais croisés dans le milieu salafo-djihadiste pour qui les femmes n'avaient aucun droit, à part celui de se couvrir le corps, de les servir et de se taire.

Aujourd'hui, quand j'entends les témoignages de ces femmes battues, violées par leur conjoint, je me reconnais dans leurs paroles, j'ai mis du temps à comprendre que j'étais l'une d'entre elles.

Moi aussi, j'ai eu cette peur qui paralyse et laisse sans réaction face au pire. Cette anesthésie de l'âme qui empêche de prononcer le mot « non » et procure un sentiment de honte, comme si s'être tue, c'était avoir dit « oui ».

Au fil du temps, à force de rester emprisonnée, même le monde extérieur m'était devenu hostile, je ne parvenais plus à m'imaginer sans voile, marchant à l'air libre, parmi les passants. Je n'étais plus qu'enfermement.

Pourtant, malgré cette terreur constante, une partie de moi résistait et se projetait dans un ailleurs. La Fatma pleine de ressources, celle qui gardait caché un portable dans sa valise où se trouvaient les numéros de ces personnes de confiance qu'elle avait collectés avec soin et qu'elle pourrait appeler une fois dehors. La Fatma qui ne renonce jamais, la désobéissante, la révoltée. L'adolescente qui pensait que, après tout, un régime de lait et de céréales, ce n'était pas plus mal pour perdre du poids, elle serait super sexy quand elle sortirait.

Cette Fatma-là se connectait chaque jour sur l'ordinateur, en l'absence de son pseudo-mari qu'elle maudissait en secret, pour tchater sur les forums, raconter à des inconnus sa vie de recluse, sa volonté de fuir et de trouver un point de chute une fois qu'elle serait dehors. Puis elle effaçait minutieusement les historiques afin que son geôlier ignore tout de ses projets.

Peter ne me témoignait aucune confiance. Sur ce point-là, il n'avait pas tort.

Un après-midi, entre deux livraisons, il est entré dans la chambre tranquillement et s'est installé devant l'ordinateur. J'avais eu le réflexe d'effacer mes historiques, sauf que j'avais sous-estimé les talents de Peter dans le domaine de l'informatique. « Viens t'asseoir sur mes genoux », m'a-t-il dit d'une voix douce.

Je me suis exécutée naïvement sans me douter de ce qui allait suivre. À peine le PC allumé, il s'est mis à taper frénétiquement sur le clavier, j'ai vu des lignes de codes dérouler sur l'écran et, soudain, mes historiques s'afficher.

Il a tout fouillé, découvert mes navigations, mes messages. J'étais blême, j'ai dû m'asseoir sur le lit pour ne pas que mes jambes se dérobent.

Il s'est tourné vers moi et s'est levé d'un bond. Il m'a attrapée et collée au mur, au point que mes pieds ne touchaient plus le sol. Puis il m'a frappée à tour de bras, hurlant sa colère, me traitant de tous les noms possibles. J'ai cru qu'il allait me tuer, que ma vie s'arrêtait là, dans cette chambre sordide avec ce fou furieux. Le plus incroyable, c'est qu'en même temps une partie de mon cerveau continuait froidement à évaluer la situation : « Pourvu qu'il ne fouille pas ma valise, pourvu qu'il ne trouve pas mon téléphone ! » Il s'en est ensuite pris au mobilier de la chambre, cassant l'armoire de ses poings puis est sorti en claquant la porte pour partir travailler.

Alertée par les cris et le déchaînement de violence de son fils, Sarah est entrée dans la chambre. Je ne pleurais pas, j'étais sous le choc, comme en dehors de moi-même. C'est l'une des rares fois où elle est venue me parler, elle qui menait sa vie comme si je n'étais pas là, ignorant que j'étais détenue dans son propre appartement.

« Ma fille, pourquoi as-tu ce comportement avec Peter, c'est de la trahison, tu ne peux pas agir ainsi », etc., etc. À aucun moment ne lui est venue l'idée que le responsable pouvait être son fils. Je suis restée impassible, muette – moi qui ai pourtant une grande gueule –, j'étais loin de là. J'avais déjà compris comment fonctionnait Sarah : sous ses airs doux et avenants, elle était fausse et manipulatrice, je m'en méfiais comme de la peste.

Elle est repartie, refermant derrière elle la porte à clé, me promettant tout de même que Peter ne me toucherait plus.

J'étais si seule dans cette chambre, je n'avais plus aucun échange avec l'extérieur. Je me refusais d'utiliser mon téléphone, même pour parler à ma mère, je n'avais pas confiance. Je ne voulais pas risquer de perdre un objet si utile, c'était mon secret, ce téléphone me rattachait à l'extérieur, il était l'espoir d'une fuite.

À aucun moment ma mère ne s'est préoccupée de ne plus avoir de nouvelles de moi. Je n'étais pas étonnée, ma famille préférait m'abandonner aux mains de Peter plutôt que je fugue à nouveau, que je mène ma vie comme je l'entends.

La seule concession que m'octroyait Peter pendant ces journées d'ennui et de désespoir, c'était de regarder avec lui un dessin animé. Je m'en souviens très distinctement, il s'agissait des *Lascars*, une histoire de gars de quartier qui jouent les gros bras, mais à qui il arrive toujours des galères. Ce dessin animé n'était pas du tout *haram*, une contradiction de plus de la part de Peter qui se voulait un salafiste parfait.

Cinq prières par jour, ablutions, etc. Il était obsédé par les rites. Mais on regardait *Les Lascars*, comme n'importe qui.

J'aurais perdu la notion du temps s'il n'y avait pas eu les voisins au-dessus de nous, des gens des îles apparemment, j'entendais leurs voix et la musique qu'ils mettaient à fond. Ils riaient, discutaient fort, ils me rappelaient le monde des vivants.

C'était la veille du nouvel an, j'avais eu 18 ans un mois auparavant, non pas que je me souvienne particulièrement de cet anniversaire qui s'était déroulé comme n'importe quel autre jour, mais parce que, pour écrire ce livre, j'ai reconstitué au mieux la chronologie de cette époque. Les voisins étaient en pleins préparatifs du réveillon, leurs rires me parvenaient à travers le plafond, tout comme le bruit de leurs pas, il y avait du monde, des invités sans doute.

Plus l'ambiance festive parvenait jusqu'à moi, plus j'étais terrassée par la tristesse. Tout le monde semblait s'amuser et j'étais seule, condamnée à me morfondre dans cette minuscule chambre. Je rêvais d'être à leur place, d'avoir un autre destin. Plus jeune, lorsque je pouvais sortir et que je prenais le métro pour aller au collège irakien, je m'évadais souvent de la sorte. Je regardais les passagers assis en face de moi et je me disais : « S'ils voyaient ma vie, ils n'en reviendraient pas. Quelle chance ils ont de pouvoir aller et venir, rentrer chez eux en toute sécurité, sans personne pour les surveiller, les juger. » J'aurais aimé oser leur crier :

« Sauvez-moi ! », mais je les regardais quitter la rame et c'en était fini de rêver.

Sarah était partie faire des courses, je l'ai entendue rentrer, tourner la clé dans la porte d'entrée, puis sur le palier, elle a prononcé cette phrase qui a aiguisé mes sens déjà en éveil : « Putain, j'ai oublié le pain ! »

Elle a refermé la porte derrière elle sans donner le tour de clé habituel, j'ai perçu ses pas qui s'éloignaient dans le couloir, l'ascenseur qui redescendait.

Je n'ai pas réfléchi : j'ai sauté sur ma valise, récupéré mes quelques affaires. Je ne me souviens même plus si la porte de ma chambre était verrouillée, si je l'ai forcée, tout ce dont je suis certaine, c'est qu'en quelques secondes j'étais dans le couloir puis dans les escaliers de l'immeuble, le souffle court tant j'avais peur. J'ai dégringolé les étages et je me suis cachée au sous-sol, sans bouger, jusqu'à ce que, tremblante, je puisse retrouver ma respiration. Peter et sa mère allaient me chercher dans tout le quartier, mais ils n'imagineraient pas que j'étais encore là, dans ces murs. Je suis restée immobile pendant des heures, guettant le moindre bruit, puis à nouveau j'ai bondi, ma valise à la main, jusqu'au hall d'entrée… et la rue, enfin.

CHAPITRE 20

Fureur et joie

Après toutes ces semaines passées cloîtrée, le monde des vivants me saisit, je suis comme prise de vertige. Tous ces gens autour de moi, libres, la lumière, le bruit, le froid de l'hiver, j'ai oublié ce que c'était d'être dehors sans *niqab*. Je cours sans m'arrêter, poussée par l'adrénaline, jusqu'à ce que je voie un bus dans lequel je saute. Peu importe sa destination, il faut que je quitte au plus vite ce quartier du 19e arrondissement où l'on pourrait me reconnaître.

Au milieu des passagers, avec ma valise à la main, échevelée, habillée comme en été, mon cœur bat à se rompre, de peur mais aussi de joie : je suis tellement fière de leur avoir échappé. J'exulte, je ris toute seule, j'ai envie de hurler au premier venu mon bonheur : « Je les ai niqués, ces fils de p… ! » Dans le bus, ils doivent me prendre pour une cinglée.

À partir du jour où j'échappe à Peter Cherif, ma mémoire revient, claire, précise. Je me souviens de tous les événements des semaines qui ont suivi. J'ai tant rêvé de cette fuite, j'en ai préparé les moindres détails, ça m'occupait pendant mes longues journées chez Peter.

Je rejoins la ville d'Aubervilliers, en banlieue, où j'ai repéré un hôtel pas trop cher et où personne ne peut me reconnaître. Je paye 400 euros cash pour le mois grâce à l'argent de mes baby-sittings et à mes indemnités chômage que j'ai placées sur un compte avant mon mariage religieux.

Je rentre dans la chambre avec toilettes et salle de bains sur le palier, je ne prends même pas le temps de m'asseoir sur le lit. Direct, je me prépare pour sortir : je me maquille, je m'habille avec une petite jupe beige brillante et un haut décolleté. J'ai des vêtements sexy plein la valise, j'ai eu la permission de les acheter avec ma mère peu avant mon mariage pour faire plaisir à Peter dans l'intimité.

Il est hors de question que je passe la soirée à l'hôtel, la vie m'attend. J'ai 18 ans ! Je veux récupérer tout le temps que Boubaker, Ben Laden, Al-Qaïda, le djihad et compagnie m'ont volé.

J'appelle mes trois copains blédards tunisiens pour qu'ils me rejoignent, ceux que j'ai rencontrés au parc de la Villette du temps de mes gardes d'enfants, et je pars à Pigalle. Je n'ai aucune idée de ce qui m'attend, j'ai juste lu dans des magazines que c'est là-bas que ça se passe : la fête.

Il faut que vous compreniez, je n'étais jamais rentrée dans un bar, encore moins dans une boîte de nuit, je ne sortais jamais le soir. Certes, j'avais compris qu'il y avait des établissements où l'on servait de l'alcool, mais je n'imaginais pas qu'à partir d'une certaine heure les bars restaurants ne servaient plus à manger, qu'il y avait de la musique et même des groupes avec des instruments ou des DJ. Que pour les gens c'était normal d'aller boire un verre, de discuter avec des inconnus, hommes ou femmes, de sympathiser, de faire des rencontres, bonnes ou mauvaises, de danser et même de chanter si on en avait envie.

Je ne connaissais absolument rien des nuits parisiennes et de la vie nocturne en général.

J'y ai plongé la tête la première, et pas qu'à moitié. Explosion atomique : les meilleurs moments de ma vie, j'en ris encore !

Arrivée à Pigalle entourée de mes copains, on rentre dans un bar tenu par un Chinois. À la fin de la soirée, ce dernier m'a dit : « Tu devrais venir plus souvent », tellement je lui ai mis une ambiance de fous.

Je n'ai jamais bu d'alcool, immédiatement je plonge dedans, je mélange tout : vodka, whisky, bières… J'ai une telle énergie que je ne suis même pas malade. Je discute avec tout le monde, je me mets à danser sur le bar et je crie aux clients accoudés au comptoir : « Levez-vous, rejoignez-moi ! » Les Tunisiens en profitent pour draguer et comme je les accompagne, que je suis mignonne et sympa, les filles qu'ils rencontrent sont rassurées. Il y en a un qui flirte avec une Russe, il ne comprend rien à ce qu'elle lui raconte et nous rions jusqu'à ce que j'en aie des crampes. Je n'ai plus l'habitude.

Tout le temps que je passerai avec ces copains blédards, ils se montreront toujours respectueux avec moi et les femmes que nous croiserons. Tout ce qui les intéressait, c'était de s'amuser, de boire, de fumer du shit. Je payais tout et ça leur suffisait pour que l'on soit les meilleurs amis du monde, eux qui n'avaient pas grand-chose.

Une fois le bar fermé, on continue entre Pigalle et Blanche, on ne s'arrête plus. Mon réveillon n'a pas duré une nuit, il a duré un mois. Pas un jour ne se passe sans que je sorte, je ne rentre à l'hôtel que pour me changer et me reposer quelques heures avant de repartir rejoindre mes potes.

Je dis souvent en plaisantant : « L'alcool m'a sauvée ! » Au cours de ces jours de fête, je m'y noie avec délice. Je ne mange que pour boire à nouveau. Dès le matin, à jeun, je suis à la bière, on achète aussi du vin à 2 euros au supermarché, on enchaîne dans les bars, je m'enfile n'importe quoi – aujourd'hui, j'achète des bouteilles de vin à 30 euros, je bois modérément et jamais cette mauvaise bière que j'ingurgitais avec délectation –, l'alcool me donne une insouciance salvatrice. Je ne veux en aucun cas réfléchir sur ma situation ou penser au passé, je sens déjà que ma liberté ne durera pas.

Aux premières heures de mon évasion, j'ai appelé ma mère : « Je me suis enfuie de chez Peter, je ne reviendrai plus », lui ai-je asséné, catégorique. Elle s'est mise à pleurer, à supplier que je rentre afin de lui éviter des problèmes avec Boubaker. Le chantage affectif habituel. J'ai raccroché.

J'ai eu ensuite un coup de fil de Peter, ma mère lui avait transmis mon numéro. À mon grand étonnement, il était en pleurs : « Reviens s'il te plaît, tu pourras faire ce que tu voudras. – Jamais ! »

Enfin, cerise sur le gâteau, sa mère m'a appelée à son tour : « J'ai giflé mon fils pour son comportement. Promis, il ne recommencera pas à te maltraiter. »

Je n'y ai pas cru une seconde, elle avait peur que je porte plainte, elle était complice de ma séquestration.

Je me doutais que tous me recherchaient, que mon frère, depuis sa prison, avait demandé à ses amis de me retrouver. Ils étaient capables de tout, j'ai donc agi en conséquence, telle une détenue en cavale.

Au cours de mes pérégrinations, je ne donnais jamais mon vrai nom. Je me présentais comme une Algérienne, parfois une Marocaine, j'évitais soigneusement le 19e arrondissement. Je ne côtoyais que des blédards, jamais de mecs de cité. Ma paranoïa était justifiée.

Quelques jours après le réveillon, Peter me rappelle sur un ton menaçant : « Je sais que tu es à Pigalle. Rentre ! »

Je devine qu'il me localise grâce à mes relevés bancaires auxquels il a eu accès je ne sais comment. Je réfléchis : mes retraits d'argent mettent au moins vingt-quatre heures à s'afficher sur mon compte, ce qui me laisse le temps de passer d'un quartier de fête à un autre et de brouiller les pistes.

Avec les Tunisiens, j'écume le secteur de Saint-Michel, puis celui de Bastille, de Barbès, je retire de l'argent en banlieue pour ajouter à la confusion, puis retour à Pigalle. Pendant tout le mois de janvier 2010, nous changeons ainsi de lieu toutes les quarante-huit heures.

Au bout d'un moment, je n'ai plus d'argent. J'appelle Ousmane, un garçon que j'avais rencontré au marché à la même époque que les Tunisiens. Il tient un commerce de vêtements avec son père. Il sait déjà que j'ai fugué et, comme je lui plais beaucoup, il me rejoint tout de suite à mon hôtel. Je lui explique ma situation, je l'embrouille et je réussis à lui soutirer quelques billets tout en lui promettant de le revoir. Ce dont je n'ai pas du tout l'intention, il est gentil, mais ça s'arrête là.

Ousmane m'a dénoncée à ma mère qu'il connaissait bien. Je ne lui en veux pas, il était inquiet pour moi. J'étais en roue libre, prête à tous les dérapages, au point que si les Tunisiens avaient consommé de l'héroïne, j'en aurais pris. Heureusement, ce ne fut pas le cas.

Quelque temps plus tard, je suis avec l'un des Tunisiens, à un arrêt de bus à Pigalle. Il fait un froid mordant, je suis en minijupe avec un blouson de cuir. Un monospace passe et s'arrête, ma mère sort, tout en noir, volumineuse avec son voile qui lui recouvre les cheveux. Elle crie : « Fatma ! » Je murmure à mon ami : « Vite, on bouge. »

Trop tard, au milieu de la rue, elle se met à faire un cinéma pas possible. Elle hurle que, si je ne monte pas avec elle, elle se suicidera avec un couteau. Une scène ! Si, à l'époque, il y avait eu les réseaux sociaux, on se serait retrouvées avec des vidéos aux millions de vues.

Sonia, sa copine marocaine qui conduit le véhicule, m'implore à son tour : « Ta mère est capable de se tuer, je t'assure. Monte avec nous. » Je comprends qu'elles ont peur pour moi. Mon « mari » me piste, Boubaker a envoyé tous ses copains à ma recherche.

Le monde que je fuis me rattrape, j'ai « déshonoré » Peter Cherif, il n'hésitera pas à appliquer la charia et à commettre à mon égard un crime d'honneur.

Je me résous à monter dans la voiture. J'abandonne mes amis, ma liberté, je laisse Pigalle derrière moi, il y va de ma survie.

CHAPITRE 21

Fuites

Nous filons loin de l'est parisien, loin de ce 19e arrondissement de Paris où Peter Cherif et ses amis me traquent, décidés à laver son honneur.

Quelle ironie, lui qui m'a violée, séquestrée, battue, de quel honneur parle-t-on ?

Ma mère a enfin décidé d'intervenir pour me protéger. Elle m'explique que je n'ai pas le choix, il faut que je parte en Tunisie rejoindre sa famille pour échapper à Boubaker et à mon pseudo-mari. En attendant qu'elle organise mon départ, nous logeons dans les Hauts-de-Seine, chez Sonia, personne ne pensera à venir jusqu'ici. À l'exception de Ousmane qui me fait parvenir des vêtements pour le bled, espérant me revoir un jour, nul n'est au courant des plans de ma mère.

En février 2010, je prends un vol sans retour pour Tunis, munie d'une simple valise. À mon arrivée, mes oncles et tantes sont là pour m'accueillir à l'aéroport, ils sont en partie au courant de ma situation. Tout ce que j'ai subi à Paris les dépasse, ils n'ont aucun contact avec les milieux salafistes, mais ils ont vécu eux-mêmes un drame en lien direct avec Boubaker et la montée de l'idéologie djihadiste. Mon cousin Zakaria, le fils de mon oncle Malik, est mort en Irak, à la bataille de Falloujah lui aussi, une semaine après Redouane. C'est Boubaker qui l'aurait convaincu de le rejoindre. Zakaria suivait alors des études islamiques en Syrie.

Mon oncle Malik ne parle plus à ma mère depuis cet événement tragique. Par solidarité familiale, il accepte néanmoins de me loger chez lui à La Marsa, à quelques kilomètres de Tunis, une ville en bord de mer prisée des touristes et non loin de la station balnéaire de Sidi Bou Saïd. Malik vit dans un petit appartement modeste et me laisse généreusement son unique chambre, il dormira sur le canapé du salon durant mon séjour. Sa femme et ses quatre filles résident et travaillent à Dubaï, lui attend depuis des années de récupérer son passeport auprès des autorités tunisiennes pour les rejoindre. En tant que militant du parti islamiste Ennahdha, il a été emprisonné et torturé par le régime de Ben Ali, il en paye encore le prix fort.

Malik est très respectueux à mon égard, c'est un homme réservé et discret. Il ne parle jamais de son fils Zakaria, je sais qu'il s'en veut beaucoup de l'avoir envoyé en Syrie pour suivre des études religieuses alors qu'il était encore mineur. À l'époque, Zakaria avait commencé à boire de l'alcool, à sortir dans les bars, il avait cru le remettre sur le droit chemin. Mon cousin a suivi le même parcours que mon frère Redouane, avec la fin que l'on connaît.

Peter Cherif a appris ma fuite en Tunisie, il est furieux, il est sous contrôle judiciaire et a interdiction de quitter la France, il ne peut donc pas venir me chercher jusqu'ici. Il a appelé ma mère sur un ton menaçant : « Tu as tout manigancé dans mon dos avec ta fille, ça ne va pas se passer comme ça. » Ses intimidations ont peu de poids, nous savons tous qu'il ne peut en aucun cas s'en prendre à elle, ce serait signer son arrêt de mort. Boubaker ne lui pardonnerait pas.

Dès mon arrivée à La Marsa, Malik m'encourage à chercher du travail. Je trouve un emploi dans l'un de ces centres d'appels qui pullulent à Tunis. Je n'ai pas perdu mes habitudes parisiennes récentes, je m'achète des bouteilles de vodka que je cache dans ma valise et que je bois le matin dans ma chambre avant de partir travailler en bus. Au bout de plusieurs jours, Malik comprend mon stratagème. Un soir, lorsque je rentre dans ma chambre, je découvre ma bouteille de vodka bien en vue, posée sur la table de chevet. Le message est clair. Il n'abordera plus jamais le sujet.

Je touche un salaire, j'habite chez un oncle plutôt compréhensif, je suis libre d'aller et venir dans une ville agréable où personne ne connaît mon histoire.

J'aurais pu mener une existence paisible, me faire oublier et recommencer ma vie à partir d'une page blanche. C'est pourtant impossible, tous les épisodes douloureux de mon passé me reviennent en boucle et je n'ai ni le recul ni l'âge nécessaires pour comprendre qu'il s'agit de traumatismes profonds qui me suivront encore des années. Je ne viens pas d'un milieu où l'on va chez un psychologue, c'est ce dont j'aurais certainement eu besoin pour gérer la colère et le désespoir qui m'habitaient.

À défaut, je me noie dans l'alcool, je traîne dans les cafés et fume la chicha – mon occupation favorite. Je porte des minijupes, des talons et je me maquille comme un camion volé, provoquant la réprobation des voisins, au désespoir de mon oncle. Ce dernier travaille le soir et une partie de la nuit, j'en profite donc pour faire le mur et sortir comme ça me chante.

Grâce à mon salaire, j'ai l'impression d'être riche tant le niveau de vie en Tunisie est bas par rapport à Paris. J'ai un besoin vital de raconter mon passé et de me sentir entourée, j'invite donc tous les traîne-savates du coin à boire avec moi, et peu importe s'ils ne m'apprécient que pour mon argent, j'ai une profonde appréhension de la solitude.

C'est dans un de mes bars favoris, le Red Light, que je rencontre un policier qui travaille pour les renseignements tunisiens – il me montre sa carte – et qui m'inspire confiance. Il m'écoute ressasser mon histoire, lui expliquer à quel point mon frère Boubaker est un enfoiré, que je le déteste, qu'il a pourri mon existence, que j'aimerais le voir mort... La colère que j'ai en moi me ronge et cet homme me rassure, patiemment.

Il fut une oreille attentive et un soutien réel dans une période sombre. Je suis restée en contact avec lui jusqu'à aujourd'hui sur les réseaux sociaux.

Mes excès finissent par exaspérer mon oncle et je le comprends : je suis ingérable. La femme que je suis aujourd'hui ne se comporterait pas de la sorte, j'étais complètement perdue et ne respectais pas les règles minimales du savoir-vivre, me bourrant la gueule, parlant comme une charretière, dans un pays musulman où ma famille m'avait généreusement accueillie.

Malik m'envoie chez mon autre oncle, Anis, espérant que je me calmerais en changeant de quartier. Rien à faire, au bout de seulement trois jours, il n'en peut plus de mes excès et de mes tenues sexy, il m'amène chez ma tante Warda – la mère de Djamila qui habite Marseille et qui était venue aux funérailles de Redouane – à pied en portant la valise sur sa tête et en m'abreuvant d'insultes pendant que je marche devant lui.

Warda vit une partie du temps en Tunisie où elle et son mari ont une grande maison entourée d'arbres, située dans un quartier résidentiel de la capitale. Elle me prend chaleureusement sous son aile, elle est l'une des rares à comprendre mon mal-être, peut-être parce qu'elle a constaté elle-même en France la radicalisation fulgurante de Boubaker et de ma mère.

J'ai été licenciée de mon travail : le manager a découvert que je buvais de la bière en douce. Ma tante m'encourage donc à chercher de nouveau un emploi. J'en retrouve un dans un centre d'appels, cette fois pour vendre du vin. Cela ne s'invente pas ! La société se trouve dans un grand bâtiment moderne et emploie majoritairement des jeunes femmes urbaines aspirant à l'indépendance, ce qui me correspond bien. Lorsque je débute, je suis payée au tarif minimal : 5 dinars de l'heure. J'ai des fiches devant moi décrivant toute la gamme des produits : vins blancs, vins rouges, rosés, pétillants… Ma tâche consiste à relancer des clients français, belges ou suisses qui n'ont pas renouvelé leur commande. Dès le premier jour, je mémorise le descriptif des vins et j'improvise : j'en parle avec passion à mes interlocuteurs, comme si je les avais moi-même goûtés et appréciés. Je tombe souvent sur des gens de la campagne, nous sympathisons, nous discutons de leur femme, de leur mari, de leurs petits soucis du quotidien. C'est d'autant plus facile pour moi que je suis française, contrairement à mes collègues.

Sans me vanter, il s'avère que je suis hyperdouée pour la vente, presque tous mes clients valident de nouveaux achats. Au point qu'au bout d'une semaine le patron de l'entreprise m'appelle dans son bureau, ce qui ne se produisait jamais avec les autres employés, et me dit : « Tu es incroyable, si tu continues comme ça, tu vas prendre ma place ! » Il me nomme superviseur avec un salaire de 2 000 dinars, une somme très correcte en Tunisie.

Je suis contente de cette réussite professionnelle, mais elle ne change rien à mon état d'esprit. Je continue de boire, dans des bars, plus sélects désormais, toujours dans une fuite en avant dont je n'ai pas conscience.

Ma tante est la seule à me soutenir durant cette période difficile. Elle ne me tient pas rigueur de ces excès, elle me défend auprès du reste de la famille : « Cette petite, ce qui lui arrive, c'est de la faute de son frère et de sa mère », ne cesse-t-elle de rappeler à ceux qui lèvent les yeux au ciel lorsque l'on aborde mon cas. Elle me conseille même de me laver les dents pour que je ne sente pas l'alcool.

Warda va jusqu'à décrocher son téléphone pour expliquer à ma mère que ce n'est absolument pas normal ce qui s'est passé, qu'elle ne m'a pas protégée comme une mère doit le faire.

Ma tante avait raison, ma mère m'avait lâchée. Mais autant à cette époque je haïssais Boubaker et ne lui pardonnais rien, autant je ne parvenais pas à en vouloir à ma mère et lui cherchais mille excuses : elle avait eu une enfance et une vie pourries, trois maris qu'elle n'aimait pas, un fils psychopathe. Je me rassurais en me répétant qu'elle avait pété un plomb en plongeant dans l'islam radical et en me mariant à Peter Cherif.

J'esquivais la vérité et préférais porter le poids de la culpabilité sur moi. Je pensais alors que tout ce qui m'était arrivé était de mon entière responsabilité : je n'avais pas su obéir comme il se doit à ma mère, j'avais provoqué son désamour, sa négligence, disons-le, sa maltraitance.

J'ai redécouvert il y a peu un carnet intime écrit au cours de ces premiers mois passés en Tunisie, il traduit de manière saisissante cet état d'esprit dans lequel j'étais.

Sur la première page, les mots « Je t'aime maman », écrits en lettres capitales. Des mots d'enfant, tout comme ceux qui noircissent les feuilles qui suivent le long desquelles je m'adresse à elle, m'excusant de mon comportement, convoquant son affection : « Je veux te dire que je t'aime malgré tout le mal que je t'ai fait, après tout ce qui s'est passé. [...] des fois tu sais, je me sens étouffée, je n'arrive même plus à respirer, mais tu n'es pas là. »

J'étais avec elle si fusionnelle, si dépendante.

Je ne pouvais accepter l'idée que non seulement j'étais une victime de mon frère, mais aussi de ma mère. Que cette dernière avait été une actrice active de la mise sous coupe de notre famille à l'idéologie salafo-djihadiste et qu'elle m'avait sacrifiée sur l'autel de cette doctrine mortifère. Sur l'autel aussi de son amour sans limites pour Boubaker.

J'ai mis longtemps à accepter qu'elle ne m'aime pas, ou si peu. Ou si mal. Malgré ce qu'elle m'a fait subir, je l'aime toujours. Je garde aussi tout ce qu'elle m'a donné : sa générosité, sa joie de vivre, certains de ses principes, ceux d'avant Al-Qaïda et Daech.

Puis-je effacer ma mère de ma mémoire ?

CHAPITRE 22

Sans issue

Seule la fête parvient à calmer mes angoisses, je sors donc dès que je peux pour dilapider mon salaire avec les premières personnes que je rencontre. Tous les taxis du quartier accourent dès que je les appelle : je leur distribue de gros pourboires pour être sûre de pouvoir circuler dès que j'en ai envie.

L'un de mes cousins maternels, Ramzi, me visite régulièrement au domicile de ma tante. Il me drague un peu et je le trouve pas mal, Warda ne tarit pas d'éloges à son égard, d'autant qu'il n'est pas du tout intéressé par la religion. Il ne risque pas de me rejouer le scénario de Peter Cherif.

Warda joue les entremetteuses et me propose de l'épouser. Elle use d'un argument qui lui semble imparable pour une femme musulmane très pragmatique de sa génération : « Si tu l'épouses, tu auras un acte de mariage et plus personne ne se posera de questions sur la manière dont tu as perdu ta virginité. »

J'hésite. Je pense être amoureuse de Ramzi, mais je n'en suis pas certaine. Un jour je suis dingue de lui, le lendemain je ne ressens plus rien à son égard. Dans ma situation, me marier légalement, qui plus est avec un membre de ma famille, une personne de confiance, à qui je ne cache rien de mon passé, a un avantage : je n'aurais plus de comptes à rendre à Boubaker. Face à mon mari, il ne pourra plus imposer son autorité sous des prétextes pseudo-religieux.

Ce dernier point me convainc définitivement d'épouser Ramzi. J'ai appris par ma mère que mon frère doit être libéré de prison trois mois plus tard. L'idée de me retrouver à nouveau face à lui me terrifie, ce mariage est en quelque sorte inespéré. Malgré tout, je comprends qu'encore une fois je n'ai pas le choix.

Une fin d'après-midi d'octobre 2010, je me marie donc avec Ramzi au domicile de ma tante devant un agent d'état civil, en présence de ma belle-mère, de mon beau-père et de leurs deux autres fils.

Le matin même, tout indiquait déjà dans mon comportement que je n'étais pas prête à cette union. J'ai foncé à l'Aroma, un café où j'avais mes habitudes, dans une ruelle discrète. Là-bas, je connaissais toute l'équipe de serveurs et de videurs, certains étaient devenus des amis qui m'accompagnaient lors de mes virées nocturnes dans les quartiers populaires, me protégeant en tant que femme des hommes trop collants.

Je me suis mise à boire, racontant à qui voulait l'entendre, dans une joie et une bonne humeur de façade, que je me mariais quelques heures plus tard. À 17 heures, j'étais complètement saoule, les serveurs me pressaient de rejoindre mon fiancé et sa famille. Ils étaient choqués. « Ce n'est pas possible, insistaient-ils, tu ne peux pas leur poser un lapin le jour de ton mariage ! » L'un des videurs me commandait un taxi et me poussait littéralement dedans afin que je me rende en catastrophe chez ma coiffeuse qui, contre un gros billet, acceptait de me rendre présentable en trente minutes chrono. Un miracle.

J'étais en pleine confusion mentale, Ramzi était la promesse d'une vie normale où je serais en sécurité mais, à l'aube de mes 19 ans, inconsciemment, je refusais de me retrouver à nouveau sous la coupe d'un homme. J'avais trop soif de liberté. Personne ne m'avait obligée à ce mariage, j'avais voulu y croire. C'était raté.

Le repas de famille terminé, accompagnée de mon mari et de son frère, nous partons dans une soirée en ville puis ils me raccompagnent chez ma tante.

Le lendemain, je disparais, laissant ma valise sur place.

Je ne suis pas en cavale, personne n'est à ma poursuite. Je me fuis moi-même, j'oublie mon passé et ceux qui m'ont tant blessée dans une fête perpétuelle. Je loue des chambres pour quelques jours où j'accueille, entre deux virées, mes copains et mes copines de bar. Je suis toujours en mouvement, dormant peu, buvant beaucoup. Je réponds de temps à autre aux appels de mon mari : « Tu es où ? Qu'est-ce que tu fabriques ? », s'inquiète-t-il. Je réponds invariablement : « Fous-moi la paix ! Foutez-moi tous la paix ! »

À Paris, ma vie nocturne était jouissive, exaltante, à Tunis, elle est voilée d'une tristesse infinie. Ma mère me manque, je me sens soudain déracinée, seule au monde. J'ai sauvé ma peau en balayant ce milieu familial djihadiste qui me condamnait, je comprends qu'à la place je n'ai plus personne.

Il me faut combler ce grand vide et je ne suis pas encore armée pour me construire en dehors des schémas que l'on m'a inculqués. Je les détruis un à un avec rage, dans un nihilisme destructeur, mais l'essentiel m'échappe. Je ne sais plus qui je suis.

Je rentre à Paris telle une fugitive – c'est devenu une habitude – sans même repasser chez ma tante, mon oncle Malik m'a apporté ma valise directement à l'aéroport. En moins d'un an, je me suis grillée auprès de toute ma famille maternelle.

Ma mère a payé mon billet retour et a obtenu de l'une de ses amies qu'elle m'accueille chez elle en banlieue. C'est une personne de confiance, l'une des rares connaissances qu'elle a rencontrées avant sa conversion à l'islam radical.

Après quelques jours, mon frère Ali, sur l'insistance de ma mère, m'appelle pour que j'habite à nouveau à leurs côtés dans le 19e arrondissement. C'est un soulagement, j'ai besoin de les retrouver malgré ce qu'il s'est passé entre nous. La situation n'est plus la même qu'il y a un an : ils n'ont plus de prise sur moi, je suis majeure, mariée et libre de mes mouvements.

Ce séjour dans l'appartement de mon enfance est de courte durée. Boubaker s'apprête à sortir de prison, il est hors de question que je me retrouve en sa présence. Et je sais qu'entre lui ou moi le choix de ma mère est déjà fixé : je ne peux pas rester.

Je profite de ces quelques semaines pour engager toutes les démarches nécessaires afin d'obtenir un hébergement d'urgence. Je me rends chez l'assistante sociale et lui explique les violences que j'ai subies de la part de Boubaker. Elle m'encourage à porter plainte, mais je ne peux toujours pas m'y résoudre : il me retrouvera et me le fera payer. Je décide tout de même de franchir la porte d'un commissariat et de déposer une main courante à son encontre. C'est la première fois que je me retrouve face à des policiers, je leur raconte la radicalisation de mon frère, les coups qu'il a portés sur moi, ses menaces et ses engagements djihadistes. Je m'attendais à des réactions de leur part, d'autant que le nom de Boubaker el Hakim a été largement médiatisé lors du démantèlement de la filière des Buttes-Chaumont, mais ils ne portent aucun intérêt à mon témoignage. J'en conclus que même les autorités n'ont que faire de mon sort. Cette main courante est tout de même pour moi un acte symbolique : je ne veux plus être la victime de mon frère et, désormais, il existe une trace écrite de ce qu'il m'a fait subir.

Boubaker est sorti de prison en janvier 2011, je ne l'ai jamais revu à l'exception d'une fois, furtivement, j'y reviendrai. Quelques jours auparavant, j'ai obtenu une place dans un hôtel social du 17e arrondissement.

J'ai rebâti ma vie, pierre par pierre, comme j'ai pu, comme tout le monde. J'ai trouvé un travail puis un autre, j'ai économisé de l'argent, j'ai trouvé un logement… Comme tout le monde.

CHAPITRE 23

Gav 2

Le silence s'est installé entre les quatre murs blancs du bureau aveugle de la DGSI. J'aimerais être au bout de mon histoire, je guette et espère les mots de mon interlocuteur qui me renverront à ma cellule et peut-être – je garde espoir – dehors.

En face de moi, le policier plonge ses yeux dans les miens. Je devine ses pensées : une ellipse ne lui suffit pas, non, je ne suis pas comme tout le monde. Avec un frère comme le mien, personne ne l'est.

L'interrogatoire n'est pas fini, le sera-t-il même un jour ? Aux questions des agents de la DGSI s'ajouteront demain les miennes : comment mon frère a-t-il pu commettre les horreurs dont il est accusé ?

Au moment de ma garde à vue, je sais que Boubaker est un terroriste, un assassin, sans connaître tous les détails de ses crimes. C'est plus tard, par la presse, que j'apprendrai qu'il aurait, depuis la Syrie, supervisé avec deux autres Français la vague d'attentats commis en Europe entre 2014 et 2016, y compris les attaques terroristes du 13 novembre 2015 à Paris.

Derrière les rafales de balles qui tuent 130 personnes et en blessent 413 autres au Bataclan, sur les terrasses de la capitale… il y aurait la main invisible de mon frère qui appuie sur la détente et son regard sombre qui contemple le massacre, sans un regret.

Il y a quelques heures, j'ai eu le droit de rencontrer un avocat. Il s'appelle Yann Le Bras, nous avons pu nous parler pendant trente minutes. Juste le temps qu'il évalue ma situation, je crois qu'il a cru à mon innocence, je l'espère. En tout cas, il a décidé de rester à mes côtés, silencieux, tout au long des prochains interrogatoires, comme le permet la procédure. La situation est étrange : il n'a pas le droit de me parler ni d'intervenir, mais sa présence est rassurante, ses regards me donnent un peu de courage.

Il faut que je me calme. Je peux toujours m'indigner du fond des locaux de la DGSI que je ne suis jamais allée en Syrie, hurler, bravache, que « J'emmerde Daech et mon frère ! », que c'est injuste. Je peux pleurer, les policiers ont tout leur temps.

Je ne m'en sortirai pas avec des dénégations, ni avec eux ni avec moi-même : je dois continuer mon récit.

CHAPITRE 24

Printemps arabe

La prison n'a pas changé Boubaker, elle n'était qu'une parenthèse, elle lui a offert l'opportunité de tester son discours et son engagement. Je n'invente rien, c'est ce qu'il affirme lui-même des années plus tard lorsqu'il parle de sa détention en France dans le cadre d'une interview pour le journal officiel de l'État islamique, *Dabiq* : « Nous devions faire face à des humiliations et à l'inconfort de ces mécréants. Mais, en même temps, c'était une formidable opportunité [...] d'expliquer notre courant [de pensée] et sa voie à la jeunesse emprisonnée. »

Vous vous souvenez : mon frère, personne ne le convainc, c'est lui qui gagne les esprits.

Boubaker reste à peine un mois chez ma mère. Hasard du calendrier, en ce même mois de janvier 2011 en Tunisie, un vaste mouvement de protestation populaire inaugure le début du Printemps arabe. Le président Ben Ali est renversé après plus de vingt ans d'un règne sans partage.

Pour mon frère, c'est une aubaine. Il s'empresse de rejoindre le pays grâce à son passeport tunisien, non pas pour se battre pour la démocratie, mais pour profiter du chaos engendré par la révolution. Une nouvelle scène djihadiste est en train d'émerger et, je l'apprendrai à mes dépens, Boubaker y jouera un rôle moteur.

J'ai des échos lointains des événements en Tunisie, j'ai d'autres préoccupations : travailler et ne pas me retrouver à la rue.

Je me suis recréé un cercle d'amis blédards dans le milieu des cabarets orientaux. Je sors tous les soirs, invitée par les uns et les autres, évitant scrupuleusement toute personne qui pourrait avoir un lien avec ma cité du 19e arrondissement.

Au fil des mois, je suis lasse de ces nuits de fête, fatiguée de l'alcool, des mecs qui profitent de moi et de mon compte en banque à zéro. Je n'ai même plus de quoi manger et me retrouve un jour à voler dans un supermarché d'une chaîne de surgelés ; c'est le déclic : je dois me reprendre en main. Le lendemain, je dépose des CV dans tous les commerces de mon quartier.

Après avoir essuyé quelques refus – j'ai un piercing dans le nez, ça passe mal auprès des patrons, moins qu'un voile islamique mais tout de même –, je trouve un emploi régulier dans une grande surface où je m'occupe du rayon boulangerie.

En moins de temps qu'il n'en faut pour le dire, je suis de nouveau en selle : je m'installe dans une colocation, j'ai un salaire, je ne sors plus que le week-end et sans débordements. Pour la première fois de ma vie, je suis fière de moi : j'ai 20 ans et je suis une femme indépendante.

Mais on ne coupe pas les liens familiaux aussi aisément. Lorsque ma mère me contacte par l'intermédiaire de Nour, la femme d'Ali (ils se sont mariés en Tunisie en présence de Boubaker), j'accepte de la rencontrer dans un lieu neutre : un hammam de Seine-Saint-Denis.

Je ne reconnais pas ma mère tant elle est adorable avec moi, elle accepte sans une critique mon piercing, mes habits moulants et m'invite chaleureusement à retourner vivre à la maison. Elle m'assure qu'Ali, qui loge toujours chez elle avec Nour en attendant de trouver un appartement, accepte que je fume la chicha dans ma chambre si je mets une serpillière sous la porte pour ne pas enfumer le salon. Cette précision n'est pas anecdotique, Ali a été si dur avec moi dans le passé, surveillant tous mes faits et gestes et validant les choix de Boubaker au point de veiller à ce que je porte le voile intégral et ne sorte jamais… J'accepte sa proposition.

Je ne me berce pas pour autant d'illusions : ma mère me veut à ses côtés, car Boubaker n'est plus là. Elle remplace une présence par une autre, elle qui a si peur de se retrouver seule. Ali et Nour vont bientôt déménager, Yasmina est partie avec sa fille dans un logement d'urgence – le père de son enfant est en prison pour trafic de drogue, elle l'a largué. Ma mère se sent délaissée et se tourne sans scrupule vers moi, le mouton noir de la famille. Je ne dis pas non, mes manques affectifs sont trop forts.

Ce nouveau séjour rue de la Moselle est singulier. Je retrouve mon cocon familial tout en étant une femme désormais libre de ses choix, autonome. Et surtout, sans Boubaker.

J'apprends des confidences de ma mère que ce dernier s'est installé dans le bastion salafiste de Douar Hicher avec Mohamed El Ayouni, son copain de la filière des Buttes-Chaumont. C'est une ville en banlieue de Tunis où le groupe de prédication Ansar al-Charia a pris position ; l'un de ses chefs, Abou Iyadh, est un moudjahidine tunisien proche d'Al-Qaïda.

Abou Iyadh, un nom devenu tristement célèbre en Tunisie. Aux premiers jours de la révolution, il veut instaurer l'État islamique dans le pays, appliquer la charia. Je ne suis pas du tout étonnée que Boubaker se retrouve à ses côtés.

Ma mère me révèle aussi une information que j'ignorais : Boubaker a enlevé son fils à son ex-femme, Mariam. Il ne voulait pas que le petit aille à l'école, il l'a emmené à Douar Hicher. Je comprends à demi-mot que ma mère a joué un rôle actif dans ce kidnapping, récupérant le passeport de son petit-fils alors qu'elle le gardait un week-end et que Mariam avait confiance en elle, sans se douter des projets de Boubaker.

À l'époque, ces informations glissent sur moi et ne me touchent pas, ne m'intéressent pas. Je me protège :

ma seule préoccupation est de ne plus avoir de contact avec Boubaker.

C'est donc avec une grande méfiance que j'accueille l'invitation de ma mère de la rejoindre en Tunisie au printemps 2012 pour passer quelques jours de vacances dans une maison qu'elle a louée. Il est hors de question que je prenne le risque de me retrouver nez à nez avec mon frère. Devant mon refus, ma mère insiste, promet qu'elle veillera à le tenir à l'écart. Finalement, je décide de la rejoindre pour un tout autre motif : j'ai reçu un courrier du notaire, il ne me reste que quelques mois pour obtenir l'annulation de mon mariage avec Ramzi. Un rendez-vous avec le juge est déjà fixé.

CHAPITRE 25

Retour à Tunis

Rien ne s'est passé comme prévu. Ramzi comme moi étions pourtant déterminés à annuler ce mariage que nous n'avions pas consommé.

À notre rendez-vous chez le juge, j'arrive habillée comme une jeune Parisienne, apprêtée dans une jolie robe moulante, piercing au nez. Le juge tunisien, très vieux jeu, m'interpelle :

« C'est quoi ce truc que vous avez sur la narine ? »

Je bafouille, Ramzi jubile.

« Monsieur le juge, vous pouvez le constater, elle est complètement cinglée. »

Dans une société patriarcale comme la Tunisie, mon dossier ne plaide pas en ma faveur ; malgré tout, le juge nous écoute patiemment échanger nos griefs et conclut : « Je vous donne un délai de trois mois pour réfléchir et après vous aurez la possibilité d'annuler ce mariage. »

À la fin de l'audience, nous nous quittons sans un regard et, pourtant, sous cette apparente froideur, un étrange courant chaud est passé.

À peine rentrée, je reçois un appel de Ramzi, nous échangeons quelques banalités, puis la discussion tourne lentement au flirt. Il m'avouera plus tard qu'il m'avait à peine reconnue au tribunal tant j'étais « canon », il avait eu le coup de foudre. Quant à moi, je ne suis plus la même que lors de mon précédent séjour. La stabilité et le calme de Ramzi me plaisent, je perçois en lui la promesse d'une vie enfin tranquille après des années de chaos, errant d'un endroit à un autre sans personne sur qui compter.

Nous passons une nuit ensemble, c'est la première fois que j'ai une relation sexuelle depuis les viols répétés de Peter Cherif ; jusqu'à ce jour, j'étais paralysée par la peur, je me contentais de draguer, provoquer, m'esquivant au dernier moment, cherchant uniquement la compagnie des hommes sans pour autant ressentir le moindre désir.

Quelques semaines plus tard, j'apprends que je suis enceinte. Nous resterons mariés, le juge attendra.

CHAPITRE 26

Déni de famille

Après m'avoir pourri la vie en France, Boubaker va pourrir mon existence en Tunisie. Ma mère n'a pas coupé les liens avec lui, malgré les signes toujours plus évidents qu'il se livre à des activités terroristes.

Elle loue une maison dans le quartier de Den Den, en banlieue de Tunis. Un jour, enceinte de plusieurs mois, je prépare le repas dans la cuisine qui donne de plain-pied sur une petite cour quand j'aperçois une ombre par la fenêtre. J'ai à peine le temps de comprendre qu'il est là, devant moi, derrière la vitre, toujours aussi trapu et musclé, le crâne et la barbe rasés, effrayant. Surpris, il amorce un demi-tour vers la sortie et nos regards se croisent. Sans un mot, il me fait un signe de la main : toi, je vais t'égorger.

Je lâche ce que je tenais et je m'écroule, tremblant de tout mon corps, je m'abandonne à cette terreur qui me saisit les tripes, à nouveau, toujours. Le temps que je reprenne mes esprits, Boubaker a disparu.

Je suis persuadée qu'il est capable de mettre sa menace à exécution, mais, cette fois, je ne suis plus seule face à lui. Mon mari n'a pas peur de mon frère, il s'emporte lorsque je lui apprends, encore sous le choc, ce qui s'est passé : « Il se prend pour qui celui-là ? » Pour lui, le comportement de Boubaker relève du manque de respect à mon égard, en revanche, comme le reste de la famille, il sous-estime sa dangerosité.

Ma mère se retrouve en porte-à-faux avec ses frères et sœurs, inquiète de la tournure que prennent les événements et poussée par mon mari, elle arrive à joindre Abou Iyadh, l'émir salafiste de Ansar al-Charia qui a Boubaker sous ses ordres.

Abou Iyadh, informé de la menace de mort proférée par Boubaker, la rassure : « Votre fille n'a pas à s'inquiéter, elle est enceinte. La charia interdit de tuer une femme enceinte ou qui allaite. » Ma mère, toute fière d'elle, me rapporte ces arguments spécieux censés me tranquilliser. Ils ne m'apaisent pas du tout : j'en conclus que, lorsque j'aurai accouché et fini d'allaiter, Boubaker pourra s'en prendre à moi.

J'ai mis longtemps à accepter que mon frère soit un assassin, au premier sens du terme. Je n'avais aucun doute qu'il pouvait s'en prendre à ma vie – j'avais intégré cette donnée –, je n'imaginais pourtant pas que cette violence pourrait s'étendre à n'importe qui d'autre, sans aucune limite. Qu'il était un terroriste. Non, je n'arrivais pas à réaliser, je cantonnais ses instincts de tueur à notre cercle familial, malgré tous les signes qui s'accumulaient depuis des années. Ne nous avait-il pas signifié à son retour de Syrie qu'il avait tué trois personnes ?

Nous pressentions tous qu'il était sous surveillance en Tunisie, que ma mère l'était aussi certainement. Les autorités avaient été alertées par leurs homologues français de sa dangerosité et de sa condamnation pour actes de terrorisme. Pourtant, mes oncles, tantes, cousins… semblaient ignorer le risque que constituait Boubaker.

En Tunisie, la famille est sacrée et la police souffre d'un grand déficit de confiance : trop de corruption, trop de passifs douloureux avec le régime autoritaire de Ben Ali. Certains membres de ma famille ne s'interdisaient donc pas de recevoir Boubaker lors des rares occasions où il se présentait chez eux. Tous aujourd'hui s'en mordent les doigts : c'était de la pure inconscience.

À la même époque, la seule à tenir tête à mon frère était son ex-femme, Mariam. Secrètement depuis Paris, elle n'avait pas renoncé à récupérer son fils que Boubaker avait enlevé avec l'aide de ma mère pour l'emmener en Tunisie, dans la ville de Bodria, près du fief salafiste de Douar Hicher.

Mariam s'était rendue là-bas une fois pour voir son fils, sous prétexte d'un séjour en vacances dans le pays. Elle avait été sidérée en découvrant le quartier où il habitait avec Boubaker : dans les rues, les hommes en *qamis* portaient de longues barbes, quant aux femmes, elles étaient toutes revêtues du voile intégral ; des passants lui avaient même reproché de n'être couverte que d'un simple *hidjab*.

Mariam découvrit mon neveu de 7 ans complètement prostré, sous la surveillance de l'entourage de Boubaker. Elle me racontera lors de nos retrouvailles, des années plus tard, avoir croisé Peter Cherif, très reconnaissable car métis, une information impossible à vérifier.

À son retour à Paris, désespérée, elle avait tout mis en œuvre auprès des autorités pour obtenir le rapatriement de son fils. L'État français ne pouvait hélas rien faire : Mariam était de nationalité algérienne et, dans tous les cas, la Tunisie répondait rarement aux demandes de la France dans le cas d'enlèvements d'enfants binationaux.

Quelques mois plus tard, elle découvrait que ma mère était de retour à Paris et que, en l'absence de Boubaker, son fils était gardé en Tunisie par l'une de mes tantes, Mounia. Mariam comprit qu'elle devait saisir cette occasion et sauta dès le lendemain dans le premier avion pour Tunis. Elle rejoignit le domicile de Mounia et, après avoir trompé sa vigilance, elle s'échappa par les toits avec son fils et parvint à rejoindre l'Algérie en bus en passant la frontière grâce à son passeport algérien sur lequel le nom de mon neveu était inscrit.

Ils rentrèrent ensuite en France et changèrent régulièrement de logement pour ne pas être retrouvés. Mon neveu n'a plus jamais revu son père, il ne connaît de lui que les articles de presse qu'il a pu lire sur Internet.

CHAPITRE 27

Un terroriste

En février 2013, je rentre en France, je suis sur le point d'accoucher et je me désintéresse des événements qui se déroulent en Tunisie.

Dans le pays, la pression des djihadistes s'intensifie. Le 6 février, un avocat et opposant de gauche, Chokri Belaïd, est assassiné dans sa voiture devant son domicile par un tueur qui est rapidement identifié : il fait partie de la mouvance salafiste.

En Tunisie, ce meurtre est un électrochoc, la gauche dénonce l'inaction du parti islamiste Ennahdha au pouvoir. La police, les services de renseignement, tous sont désormais sur le pied de guerre, ils resserrent leur étau sur le bastion salafiste de Douar Hicher et le groupe Ansar al-Charia dont mon frère est un fervent activiste.

Quand je retourne en mai 2013 en Tunisie après avoir accouché d'une petite fille, j'apprends que Boubaker est recherché par les autorités. Je ne veux même pas en entendre parler ! Je viens de passer un mois à l'hôpital, mon accouchement a été difficile et j'ai failli perdre ma fille. Son état de santé était très préoccupant, les médecins ont pensé un temps qu'elle serait handicapée à vie.

Après des jours d'angoisse, les nouvelles sont bonnes : elle est sauvée, en pleine forme. Je suis tout à mon bonheur d'être maman, de retrouver mon mari et d'emménager dans une nouvelle maison. Mes rapports avec ma belle-famille sont au beau fixe, ils m'accueillent comme leur fille et j'espère enfin qu'une nouvelle vie s'offre à moi. Je n'ai plus besoin de me perdre dans la nuit et les bars, je me couvre même d'un léger voile, non par obligation, mais par choix. Nous habitons dans un quartier populaire où les traditions sont très ancrées, je ne souhaite plus me faire remarquer.

Moins de deux mois plus tard, au milieu de la soirée, je reçois un appel affolé d'un cousin maternel : « Fatma, il faut que tu viennes tout de suite chez notre tante Warda. Les flics ont débarqué, ton frère Boubaker a failli être tué. »

Ses propos sont confus, je m'habille en catastrophe pour rejoindre le domicile de ma tante sous les protestations de mon mari. Il ne veut pas que je m'en occupe : « Ton frère, c'est plus ton problème, c'est dangereux d'aller là-bas ! » Je le convaincs finalement de m'accompagner en voiture : il faut que je comprenne dans quelle galère Boubaker a encore mis notre famille. Comme d'habitude, je me sens responsable de ses agissements. Je ne devrais pas.

Nous arrivons dans le quartier de Hai Razel où résident Warda et son mari, ainsi que leur fille Djamila et sa famille arrivées de Marseille pour les vacances. C'est une scène de guerre : les rues sont plongées dans le noir, l'électricité coupée, et nous croisons plusieurs voitures de police. Mon cœur bat à tout rompre lorsque nous rentrons dans la maison, accueillis par ma tante et sa fille en état de choc : tout est sens dessus dessous, les murs sont noirs de fumée et portent des dizaines d'impacts de balles. Des policiers circulent encore au milieu du désastre fouillant le moindre recoin.

J'apprends, incrédule, que Boubaker était ici quelques heures auparavant. Ma tante m'avoue en larmes qu'il passait de temps à autre chez elle sous prétexte de rompre le jeûne – nous sommes en plein ramadan – et d'appeler ma mère restée à Paris sur Skype. Boubaker est son neveu, m'explique-t-elle, il avait des « problèmes » avec la police, elle le savait, mais elle n'allait tout de même pas lui refuser l'hospitalité. Elle ne pensait pas que c'était si grave.

Au fil de leurs explications décousues, je reconstitue les événements.

Ce soir-là, Boubaker est venu prier et rompre le jeûne chez Warda. Il a échangé quelques mots avec Djamila et son mari, puis il est allé prendre une douche dans la salle de bains du rez-de-chaussée qui donne sur une cour. Lorsque les policiers ont défoncé la porte d'entrée, en une fraction de seconde, Boubaker a bondi sur une chaise de la salle de bains et, profitant de sa petite taille, a sauté par le vasistas. Il a réussi à s'enfuir malgré les dizaines de policiers qui investissaient la maison par la porte et par le toit.

Dans ce court laps de temps, toute la famille s'est retrouvée mise en joue, y compris les enfants de Djamila. Les balles leur sifflaient près des oreilles, c'était un véritable champ de bataille : policiers cagoulés, gaz lacrymogène, hurlements…

Ils ont finalement embarqué le mari de Djamila, pieds nus et en short, qui venait juste d'arriver de Marseille pour les vacances. Il était le seul homme présent – les autres étaient à la mosquée –, lui ne prie pas, même pendant le ramadan.

Alors que je suis en pleine conversation avec ma cousine et ma tante, un policier – une armoire à glace – m'interpelle de sa grosse voix :

« T'es qui toi ?

– Je suis la sœur de Boubaker.

– Quoi ? »

Ni une ni deux, il m'attrape et m'embarque.

Je suis emmenée au siège d'El Gorjani, la DGSI version tunisienne, pour être interrogée. Les policiers ont retrouvé sur place une mallette appartenant à Boubaker dans laquelle il y a un ordinateur, des armes et divers faux papiers avec sa photo. Ma tante m'expliquera par la suite que « Oui, effectivement, à chaque fois qu'il passait, ton frère avait toujours une petite valise, il en sortait un ordinateur pour écrire des mails et appeler ta mère ».

Les soupçons de terrorisme qui pèsent sur Boubaker se précisent. Les policiers sont persuadés qu'il est impliqué dans le meurtre du député Chokri Belaïd.

Je passe la nuit en garde à vue à tenter de leur expliquer que je ne sais rien, que je déteste mon frère, que je n'ai plus aucun lien avec lui… L'ambiance n'est pas aussi « policée » qu'en France : les locaux sont déglingués, les tables sont rouillées, ça pue la cigarette et je suis abreuvée d'insultes – salope, connasse, pute… –, les policiers crient, m'intimident, parlent du dossier devant moi comme si je n'étais pas là. L'un d'eux me menace : « Ah oui, tu as un bébé ? Tu as envie de la revoir ? Alors parle-nous de ton frère, vas-y balance tout ce que tu sais. »

Ils sont exaspérés d'avoir raté Boubaker, et moi exaspérée d'être celle qui se retrouve en garde à vue à sa place. Ils brandissent sous mes yeux son téléphone abandonné chez ma tante et m'interrogent sur les contacts qu'il renferme, tous codés avec des initiales :

« C'est qui XB ? Et BZ ?

– Je n'en sais rien ! »

Cette soirée est surréaliste, je finis par lancer maladroitement à l'un des policiers :

« Vous ne pensez pas que, tout ça, c'est politique, vous n'êtes pas en train de tout mettre sur le dos de mon frère ? »

Le policier me lance un regard furieux et hurle :

« Mais tu es bête ou quoi ? Ton frère projetait de faire sauter le centre commercial à côté de chez ta tante ! Il s'en fout si toi et ta famille vous êtes là-bas en train de faire vos courses et que vous êtes tuées. C'est un fils de pute ! »

Mon cousin et moi sommes relâchés. Ce dernier a passé lui aussi un sale quart d'heure, les policiers l'ont longuement interrogé sur ses liens avec Boubaker, pensant qu'il était en affaires avec lui et qu'il finançait ses activités terroristes.

Le lendemain, il boucle ses valises avec toute sa famille et prend le premier vol pour Marseille. Fin des vacances ! Ma cousine ne remettra plus les pieds en Tunisie jusqu'à il y a peu et leur fille n'arrivera plus à dormir pendant deux ans, traumatisée. Mon cousin sera contraint quant à lui de revenir plusieurs fois dans le pays pour être entendu dans le cadre de l'enquête. Mais, comme dit Djamila, c'est un mal pour un bien : « Au moins, les policiers ont compris que l'on n'avait rien à voir avec les activités terroristes de Boubaker. Si tout ça s'était passé sous Ben Ali, ils ne se seraient même pas posé de questions : on aurait tous fini en prison ! »

Avant leur départ, apprenant que mon frère a échappé à la police, ma mère a appelé ma cousine pour prendre des nouvelles, arguant qu'elle ne comprenait pas pourquoi Boubaker était recherché. Elle s'est bien fait recevoir : Djamila a laissé éclater sa colère, lui reprochant de cacher la vérité, de ne pas les avoir prévenus, elle qui était en contact permanent avec son fils et qui connaissait les détails de son parcours terroriste.

Ma mère a défendu Boubaker bec et ongles, affirmant que ce n'était pas lui le coupable, que les policiers s'étaient trompés – je ne sais pas si elle était dans le déni ou la dissimulation –, dans tous les cas, ma famille maternelle a coupé définitivement les ponts avec elle depuis ce jour-là. Djamila ne lui a plus jamais reparlé.

Moins de deux semaines plus tard, le 25 juillet, c'est au tour d'un député de gauche Mohamed Brahmi d'être assassiné dans des conditions similaires à celles de Chokri Belaïd. Mon frère est le suspect numéro un.

J'apprends la nouvelle par un flash info à la télévision depuis la maison de mes beaux-parents où je réside. Lorsque sa photo d'identité apparaît sur l'écran, je n'ai pas le temps de réagir que déjà ma belle-mère crie d'une autre pièce : « Fatma, Fatma ! Boubaker est à la télé ! »

En moins de temps qu'il n'en faut pour le dire, les policiers sont devant la porte d'entrée. Mon beau-père les accueille : « Nous, on n'a rien à voir avec tout ça, vous vous débrouillez avec elle. » Ils m'embarquent à nouveau.

L'interrogatoire est court, je n'ai rien de plus à leur apprendre, je suis sur la défensive. J'ai l'impression que tout ça est un mauvais scénario de film : comment Boubaker aurait-il eu le culot, après la descente de police chez ma tante, d'aller assassiner Mohamed

Brahmi, alors qu'il est recherché, identifié ? Il est pourtant vrai que le député habitait à deux rues de la maison de Warda et que tout porte à croire que Boubaker était chez elle en repérage. Je ne peux pourtant accepter l'évidence qui s'impose : mon frère est devenu en quelques années un monstre froid et calculateur, prêt à toutes les actions terroristes, même les plus risquées.

Les policiers me laissent partir, ils ne me lâcheront plus, persuadés que je suis de connivence avec Boubaker.

Tous les éléments désignent effectivement mon frère. Sur les lieux de l'assassinat, les enquêteurs ont retrouvé la même arme que celle utilisée pour le meurtre de Chokri Belaïd. Ce dernier a été tué par un homme interpellé quelque temps auparavant : il a désigné Boubaker comme appartenant au commando qui a organisé et perpétré ces deux meurtres.

Ma vie en Tunisie devait être un nouveau départ, c'est un cauchemar.

Le jour des funérailles de Mohamed Brahmi, sa fille prend la parole devant l'assemblée et crie vengeance contre tous ceux qui connaissent les meurtriers. Ma belle-mère est terrifiée, elle ne veut plus que je sorte, tout le monde sait dans le quartier que je suis la sœur de Boubaker.

J'ai peur de mon frère, de son entourage, des autorités tunisiennes et, maintenant, de la famille des victimes de mon frère.

Je suis régulièrement convoquée pour de nouveaux interrogatoires. À chaque fois les mêmes questions : « Où est ton frère ? Est-ce que tu lui as parlé, est-ce qu'il t'a contactée ? Est-ce que tu connais un tel et un tel… ? »

Des heures à répéter encore et encore que je n'ai plus aucun lien avec lui, qu'il voudrait me voir morte. Pendant ce temps-là, mon mari, qui connaît certains des policiers, plaisante avec eux dans le bureau d'à côté, comme si de rien n'était.

C'est tout le paradoxe de ma situation : en Tunisie, mon statut de femme me protège, les policiers me prennent moins au sérieux qu'un homme, d'autant que la famille de mon mari a quelques appuis et relations, ce qui m'assure de ne pas être jetée en prison. Après tout, pour les autorités, je ne suis que « la femme de… » et « la sœur de… ».

En revanche, je crains de rentrer en France. Mon mari s'y oppose fermement : « Tu vas finir en prison là-bas, ils vont t'arrêter, ça va être l'horreur, c'est pas comme ici, tu ne peux pas discuter ! »

Je ne peux pourtant me résoudre à me couper définitivement de la France. Je suis à nouveau enceinte et je souhaite accoucher dans le pays où je suis née, où j'ai mes attaches. Je pressens aussi que je dois envisager un plan de repli, je ne veux pas être totalement dépendante de mon mari. Mon quotidien avec Ramzi s'avère morne et sans passion, il ne me raconte rien sur son travail et il sort de plus en plus en boîte, boit de l'alcool et dilapide son argent.

Il a monté une société de location de voitures, Montana Prestige, avec mon frère Ali qui gère les affaires depuis la France. Ce dernier a choisi le nom en référence à Tony Montana dans *Scarface*. J'ai découvert cette soudaine collaboration à mon retour de France lors de mon premier accouchement, Ramzi n'avait pas pris la peine de m'en informer. Je suis étonnée que Ramzi s'associe à mon plus jeune frère dont nul n'ignore les activités louches. Je préfère ne pas poser de questions, trop occupée par ma fille et les tâches de la vie courante. Ma belle-famille quant à elle est aux anges. L'entreprise rapporte beaucoup d'argent et ils sont les premiers à en profiter.

J'ose donc au début de l'année 2014 reprendre mes allers-retours avec Paris pour visiter ma mère et effectuer mon suivi de grossesse. Cette dernière ne vient plus en Tunisie, je comprends qu'elle a peur d'être arrêtée, même si elle ne le formule pas directement. Suis-je surveillée par les autorités françaises ? Certainement, mais elles sont très discrètes, je passe chaque fois la sécurité sans encombre. Mes retours en Tunisie sont en revanche plus compliqués : je dois obtenir une autorisation spéciale du ministère de l'Intérieur pour entrer sur le territoire. Mon mari connaît un responsable de l'aéroport, ce qui facilite les procédures ; j'envoie une photocopie de mon billet d'avion et de mon passeport quelques jours avant le vol. Après tout, rien d'exceptionnel quand on est la sœur d'un terroriste recherché pour meurtre.

Lors d'un de mes retours à Tunis, rien ne se passe comme d'habitude. Je suis retenue par les autorités en zone d'attente pendant plus de cinq heures. Alors que je patiente sur l'un des bancs du terminal, un agent des douanes se présente et me demande, sur un ton ironique :

« Est-ce que vous savez pourquoi l'on vous retient !

– Laissez-moi deviner : c'est pour mon frère ? Mais moi je ne suis pas Boubaker el Hakim ! Je suis Fatma A. ! »

En pleine nuit, je finis par passer la sécurité. Mon mari m'attend à la sortie, alors que nous nous dirigeons vers le parking, vingt hommes cagoulés surgissent et embarquent Ramzi.

Il restera en prison quatorze jours et nous allons dépenser des milliers d'euros en avocats pour le faire sortir. Aucune charge ne sera retenue contre lui.

Lorsque je le raccompagne à la maison, il m'avoue : « Ils m'ont demandé de te surveiller. De leur faire part de tes conversations avec ta mère. Je dois leur rendre compte de tout. »

CHAPITRE 28

Daech

Je suis assise confortablement dans le canapé de mon salon de notre maison en Tunisie. J'ai accouché six mois auparavant d'un petit garçon, mes deux enfants en bas âge m'occupent à plein temps. Ils sont au lit, j'en profite pour m'épiler les jambes, la télé allumée, tranquille. Et tout à coup, aux infos, le scénario se répète : Boubaker.

Je le vois apparaître dans une vidéo officielle de l'État islamique. Je le reconnais à peine tant il est effrayant : il a une énorme barbe, il est en tenue de combat, tout en noir, un pistolet à la ceinture, toujours aussi massif. Il est filmé aux côtés de deux autres djihadistes tunisiens. D'un ton déterminé, cassant, il déclare en arabe : « Oui, tyrans, c'est nous qui avons tué Chokri Belaïd et Mohamed Brahmi [...]. Nous allons revenir et tuer plusieurs d'entre vous. Vous ne vivrez pas en paix tant que la Tunisie n'appliquera pas la loi islamique. » En arrière-plan, on aperçoit flotter le drapeau noir de Daech.

J'écoute, pétrifiée, les journalistes retracer le parcours de mon frère depuis plus d'un an : après les assassinats des deux opposants tunisiens, il a rejoint un camp d'entraînement djihadiste en Libye avant de rejoindre la Syrie où la guerre civile fait rage. Il a ensuite combattu dans les troupes de l'État islamique où il a gravi les échelons.

Il se fait désormais appeler par son nom de guerre, Abu-Muqatil al-Tunisi.

Il ne faut pas longtemps avant que les policiers viennent me chercher à la maison et m'embarquent. Je les attendais, j'avais préparé ma petite valise avec des affaires de rechange. Ils jubilent : « Alors, c'est toujours politique, cette fois ? Tu n'as plus de doutes, là, c'est bon ? Tu as compris ? Il faut que l'on t'explique encore ? » Je ne peux pas leur en vouloir, j'ai honte d'avoir été si naïve. Je leur répète comme à chaque fois que je n'ai plus aucun contact avec mon frère, les policiers ont du mal à l'admettre. L'un d'eux me lance, agacé : « Mais vu ce qu'il t'a fait, s'il te déteste tant ton frère, pourquoi il ne t'a pas encore tuée ? »

Sortie de garde à vue, j'appelle ma mère à Paris, je lui hurle au téléphone comme jamais je ne l'ai osé :

« Maman, tu as vu ce qu'a fait ton fils ? Tu as vu la vidéo ?

– Oui, oui, c'est horrible… mais tu es sûre que ce n'est pas un complot, que la vidéo n'est pas un montage ?

– Mais non, c'est lui, il a tué les deux opposants ! C'est un assassin !

– Écoute, ne parlons pas de ça au téléphone... »

Je suis en rage : quand il s'agit de Boubaker, elle lui trouve toujours une excuse, cette fois-ci, c'est pourtant tellement grave.

J'imagine en boucle Boubaker braquant son arme sur ces hommes, tirant de sang-froid, rechargeant, tirant à nouveau. C'est dur à accepter, me dis-je, mais oui, mon frère est un terroriste sanguinaire, il a perdu toute humanité.

J'ai toujours imaginé qu'un jour il me tuerait, et cette fois j'en ai la preuve évidente : il appuiera sur la détente si je suis en face de lui, il l'a déjà fait.

Mes souvenirs d'enfance à ses côtés m'assaillent : les vidéos de décapitations, ces histoires qu'il me racontait sur Ben Laden, sur Zarqaoui[1] qu'il disait avoir rencontré en Irak, ses propos haineux sur les mécréants, les *kouffar*, son obsession du djihad armé... Tout devient trop réel. Je comprends que j'ai passé trop de temps entre ces mains ; je ne suis pas lucide comme je le devrais.

Boubaker revendique ces meurtres alors que j'habite en Tunisie, il se fout que je subisse les conséquences de ses actes. Je suis terrassée par la colère et la tristesse. Je tente de mener une vie normale. Je me concentre

1. Moussab Al-Zarqaoui, le chef d'Al-Qaïda en Irak jusqu'au 7 juin 2006, date de sa mort dans un bombardement américain.

sur mes enfants, sur le ménage, les courses… Je me raccroche aux petits gestes du quotidien.

Je continue à prendre des nouvelles de ma mère au téléphone, je ne peux pas rompre avec elle, je ne l'ai jamais pu. Je la sens lointaine, elle pèse ses mots.

Au début de l'année 2015, elle me demande soudain de venir la voir avec mes deux enfants à Paris. Cette demande est inattendue, le voyage en avion est compliqué avec deux petits de moins de 2 ans. Je tente d'en savoir plus mais, au téléphone, elle ne s'exprime que par sous-entendus, comme un dealer sur écoute.

Une semaine auparavant, elle m'avait appelée, paniquée : des terroristes avaient attaqué la rédaction de *Charlie Hebdo* et un supermarché casher, tuant dix-sept personnes. Elle avait supplié ma sœur de ne pas emmener sa fille à l'école et de ne plus sortir.

Depuis la Tunisie, cet événement m'était passé au-dessus de la tête. L'origine des tueurs de *Charlie Hebdo* aurait pu m'alerter si je m'y étais intéressée. Saïd et surtout Chérif Kouachi étaient, comme mon frère, des membres de la filière des Buttes-Chaumont.

J'ai un mauvais pressentiment, je pars quand même à Paris avec mes deux enfants. Lorsque j'arrive dans notre appartement du 19ᵉ arrondissement, je découvre ma mère soucieuse. Elle est heureuse de profiter de ses petits-enfants, mais quelque chose en elle a changé : elle qui d'ordinaire est d'humeur changeante, parfois méchante, parfois adorable, elle est tout à coup calme et posée, ailleurs.

Un jour que je suis dans la cuisine, je l'aperçois au fond du salon discuter sur un de ces petits téléphones jetables à puce prépayés. Lorsque je m'approche, elle met immédiatement fin à l'appel et tente maladroitement de cacher l'appareil sous sa cuisse. Je feins de n'avoir rien vu, je suis persuadée qu'elle était en conversation avec Boubaker.

Ce séjour est si étrange, ponctué de non-dits et de signes que quelque chose se prépare. Ali, qui n'a jamais pris la peine de me visiter quand je suis de passage en France, vient me saluer un après-midi avec sa femme. Je remarque qu'il porte son pantalon relevé au-dessus des chevilles : le signe des salafistes[1]. Lors d'un échange en tête à tête avec Nour, celle-ci laisse échapper discrètement une confidence : « Ta famille ne veut rien te dire et je ne devrais pas t'en parler : on va partir en Syrie. Ne dis rien à personne s'il te plaît. »

Je suis dubitative, la pratique religieuse de mon frère est très récente, étonnante. Il y a encore peu, en visite en Tunisie pour soi-disant contrôler les activités de la société qu'il dirige avec mon mari, il écumait les boîtes

1. Selon un *hadith* (une communication orale du prophète Mahomet), les individus dont les vêtements traînent par terre seraient voués à l'enfer. Au début de l'islam, les dignitaires quraychites, polythéistes, affichaient leur richesse de cette façon-là. Le prophète aurait dit qu'un homme pieux, humble, discret doit couper son vêtement de sorte qu'il évite de traîner, donc qu'il convient que les chevilles apparaissent. Les salafistes considèrent que ne pas avoir le pantalon relevé est un signe d'orgueil.

accompagné de prostituées, buvant de l'alcool et sniffant de la coke. L'origine de son argent est un secret de polichinelle : Ali est un grossiste en stupéfiants, il n'a jamais cessé de dealer depuis son adolescence. Grâce à ses trafics, il a pu s'installer dans un pavillon en banlieue avec sa femme et son jeune fils de 1 an. Quel intérêt aurait-il à partir en Syrie ? Je reste silencieuse.

Au moment de nous quitter, un geste balaie tous mes doutes : Ali me serre dans ses bras et me dit qu'il m'aime. J'ai l'impression de vivre la même scène qu'avec Boubaker dix ans auparavant.

Je suis convaincue que ma mère va elle aussi partir en Syrie rejoindre Boubaker. Je ne suis pas étonnée, ne prononçait-elle pas depuis des années cette invocation : « Je veux mourir au Shâm[1] » ? À aucun moment je ne parle ouvertement de ses projets avec elle, c'est un tabou. Et je ne saurais quoi dire : tenter de la dissuader m'apparaît inutile, après tout c'est son choix et elle n'en démordra pas. Comment pourrais-je l'empêcher de rejoindre son fils vénéré ?

Je ne sais pratiquement rien des événements en Syrie, hormis qu'une guerre y fait rage, que des djihadistes ont investi une partie du pays et que mon frère les a

1. Le Shâm est le nom d'une région historiquement située à l'est de la mer Méditerranée en Asie occidentale. D'un point de vue général, on considère qu'elle comprend la Syrie, le Liban, la Jordanie, la Palestine et Israël. Ce terme est repris dans le nom arabe de l'État islamique, littéralement « État islamique en Irak et al-Sham » (EIIS).

rejoints. Je vis comme dans une bulle, me tenant au maximum éloignée de l'actualité et de tout ce qui peut avoir trait au terrorisme. Je ne consulte jamais de sites sur Internet, encore moins de vidéos djihadistes. J'ai trop peur d'y être associée et je ne veux en aucun cas avoir un lien, même indirect, avec Boubaker. Je ne supporterais plus de voir son visage s'afficher sur un écran et de découvrir ses derniers méfaits.

Ma mère nous raccompagne à l'aéroport, l'ambiance est lourde. Au moment des adieux, à son tour elle me serre dans ses bras d'une façon inhabituelle, longuement et affectueusement. Nous pleurons.

Je la quitte, ma fille dans les bras, mon fils dans la poussette, vers une autre vie que la sienne.

CHAPITRE 29

Disparus

Quelques jours plus tard, depuis la Tunisie, j'appelle ma mère pour prendre de ses nouvelles. Je tombe sur Tatiana, l'une de ses colocatrices moldaves à qui elle sous-loue l'une des chambres de l'appartement depuis qu'elle vit seule. La jeune femme m'annonce de but en blanc : « Tu n'es pas au courant ? Ta mère, ta sœur et ta nièce sont parties en vacances en Algérie. »

Je feins d'avoir oublié cette information et je raccroche.

Je suis paniquée, je ne comprends pas : que font-elles en Algérie, ma mère ne m'a jamais dit qu'elle envisageait un voyage là-bas ? Et surtout, pourquoi ma sœur, que j'ai à peine croisée lors de mon dernier séjour à Paris, se retrouve-t-elle avec sa fille de 4 ans à ses côtés ? J'essaye de la joindre sur son portable, en vain. Je repousse l'idée que ce voyage a d'autres objectifs.

Elle me rappelle finalement quelque temps plus tard.

« Oui, on est parties en Algérie, maman avait besoin de se reposer un peu.

– Mais pourquoi vous ne m'avez pas prévenue ? Je ne te crois pas, vous n'êtes pas en Algérie !

– Mais si, qu'est-ce que tu t'imagines... Je te passe Nesayem puisque tu as des doutes. »

Au bout du fil arrive Nesayem, une amie que ma mère côtoyait dans le 19e arrondissement. Elle est mariée à un salafiste algérien, Karim Bourti, qui a été expulsé de France au début des années 2000[1] pour avoir, entre autres, tenté d'infiltrer la mosquée Omar de la rue Jean-Pierre-Timbaud dans le 11e arrondissement.

Nesayem me tranquillise : « Oui, dit-elle, ta mère et ta sœur sont venues passer quelques jours de vacances. La petite est très contente d'être ici. Elle joue avec le chat. »

Je raccroche, à moitié rassurée : en France, ce sont les vacances scolaires, ma sœur n'aurait jamais accepté que sa fille rate l'école, encore moins qu'elle parte dans un pays en guerre.

Pendant deux semaines, je n'ai plus aucune nouvelle, jusqu'à ce message vocal de ma sœur : « Bonjour Fatma, nous sommes en Syrie. »

1. En 2005, Karim Bourti a écopé en appel en France d'une peine de six ans pour « association de malfaiteurs en relation avec une entreprise terroriste ». Sur la base d'un dossier préparé par les renseignements généraux, il a été déchu de sa nationalité française en vertu de l'article 25 du Code civil visant les personnes condamnées « pour un acte de terrorisme ».

Mes pires craintes étaient fondées : elles m'ont menti, elles ont rejoint Boubaker et l'État islamique.

À la même période, la femme d'Ali m'envoie des photos depuis la Malaisie. Elle s'affiche avec mon neveu et mon frère au bord de la piscine. Eux aussi, explique-t-elle, sont partis en vacances. Les photos sont étranges, mal cadrées afin de ne pas pouvoir identifier leurs visages.

Je suis perplexe. Jusqu'à ce message qui lève mes derniers doutes : « Nous sommes à Raqqa avec ta mère, ta sœur et Boubaker. »

CHAPITRE 30

Orpheline

À ce jour, je ne pourrais expliquer ce qui a poussé Yasmina et Ali, accompagnés de leurs enfants, à rejoindre Boubaker sous la bannière de l'État islamique. Tous deux ont été si souvent maltraités par mon frère aîné.

Ali a toujours eu peur de Boubaker, de ses jugements sévères sur ses activités de délinquant et de ses mœurs en contradiction avec l'islam. Son mariage avec Nour l'avait rapproché de la religion, mais de là à adhérer aux idées de mon frère aîné qui est un assassin, recherché par les autorités pour des faits de terrorisme… Après avoir retourné la question mille fois, j'en ai conclu qu'Ali était toujours dans cette soif de reconnaissance de la part de Boubaker ; il voulait qu'il soit enfin fier de lui, quitte à le suivre jusqu'en enfer.

Quant à ma sœur, je n'ai jamais saisi où elle se situait par rapport à Boubaker. À l'adolescence, elle était son souffre-douleur, elle se vantait de lui tenir tête. Tout ça pour finalement se rapprocher de lui et devenir sa confidente pendant ses années de prison, à un âge où elle aurait pu décider de prendre ses distances. Son départ est d'autant plus incompréhensible qu'elle venait enfin de signer le bail d'un appartement et de récupérer les clés après des années à galérer, squattant chez des amis, retournant rue de la Moselle régulièrement avec sa fille en bas âge.

Ma mère a sans doute joué un rôle majeur dans son départ, Yasmina a cherché toute sa vie son amour sans jamais réussir à se détacher d'elle, elle aurait été incapable de lui dire non.

Les mois passent. Depuis Raqqa, la femme d'Ali m'appelle régulièrement pour, soi-disant, me donner des nouvelles de la famille. Ses propos sont surréalistes, Nour décrit une vie de « rêve » : « Ne crois pas ce que les mécréants racontent à la télévision, ici c'est super. On a tout ce qu'on veut, même des chips. »

Des chips… Maladroitement, elle essaye de me convaincre de les rejoindre, elle peut toujours courir ! L'idée n'effleure même pas mon esprit. Qu'est-ce que j'irais foutre là-bas !

Ma sœur me contacte également, son discours est tout autre : « C'est la merde ! Je ne peux pas sortir, il n'y a rien à manger. C'est horrible ce qui se passe ici », etc., etc.

Je comprends qu'elle veut rentrer en France, mais qu'elle est coincée à Raqqa : Boubaker et ma mère la surveillent. Qu'elle se débrouille, elle croyait quoi ? Ce n'est plus mon problème.

Dix mois s'écoulent, je reçois le message d'un homme qui se présente comme le « passeur » de ma sœur. Celle-ci aurait réussi à s'échapper de l'État islamique et à rejoindre la Turquie, mais elle aurait besoin de 3 000 euros pour regagner la France sans être interpellée par les autorités turques. Pour preuve, il m'envoie des vocaux de Yasmina. Méfiante, je refuse.

Quelque temps plus tard, Yasmina m'appelle pour m'annoncer de but en blanc qu'elle est rentrée avec sa fille à Paris. Elles logent dans l'appartement de ma mère.

Cette nouvelle m'indiffère. Je ne réalise pas à quel point elle vient de sauver sa vie et celle de ma nièce.

Lorsque, après plusieurs mois, je rejoins Yasmina rue de la Moselle, nos retrouvailles n'ont rien de chaleureux. Elle ne me livre que peu de détails sur son séjour à Raqqa sous l'État islamique. Elle se borne à me lister l'ensemble des malheurs qui lui sont arrivés. Ainsi, j'apprends qu'elle a vécu un temps dans une maison pour femmes, qu'elle est passée deux fois devant le tribunal islamique, notamment après que Boubaker l'a rattrapée lors d'une tentative de fuite ; il l'aurait battue sévèrement, menacée de mort. Son mariage avec un Algérien lui a permis d'échapper à l'autorité de mon frère, puis de fuir la Syrie.

Je ne la questionne pas plus que ça, de toute façon, elle ne me dira rien de précis sur le fond, elle n'a pas confiance en moi et c'est réciproque. J'ai trop de problèmes personnels à régler pour m'attarder sur les histoires de ma sœur.

Depuis que je suis arrivée à Paris, j'ai découvert que mon mari m'avait menti. Je suis rentrée en France sur la demande de Ramzi, il voulait que je contracte sous mon nom des prêts censés financer le développement de son entreprise. J'ai senti que quelque chose ne tournait pas rond. J'ai passé quelques coups de fil et découvert qu'il avait arnaqué ses clients pour plusieurs dizaines de milliers d'euros. Il était même recherché par la police tunisienne ; ses appuis et son argent lui permettaient de s'acheter une certaine tranquillité.

Et ce n'est pas tout : j'ai aussi appris qu'il me trompait depuis des années. Il menait une double vie.

Excédée, je lui annonce abruptement au téléphone que je ne rentrerai pas en Tunisie ; je reprends mon travail au supermarché. Désormais, mon seul but sera de rapatrier mes enfants en France et d'organiser avec eux une vie paisible. Hélas, Ramzi s'y opposera, les empêchant de quitter le territoire tunisien.

Je me retrouve seule dans cet appartement de la rue de la Moselle où je ne croise plus que les colocataires étrangères de ma mère ; ma sœur a récupéré son appartement.

Mon retour au travail est difficile, je suis nerveusement instable, en dépression. S'ouvre une période sombre de mon existence – si l'on estime que les années précédentes étaient joyeuses au regard du harcèlement policier que je subissais et de ma lente prise de conscience que mon frère était un assassin –, j'ai l'impression d'être une orpheline, mes enfants sont loin de moi, ma mère a coupé tout contact, elle me manque à une période où j'aurais grand besoin de soutien.

CHAPITRE 31

Gav 3

« Mais madame, pourquoi n'avez-vous pas signalé que vos proches avaient rejoint l'État islamique ? Pourquoi ne pas avoir prévenu les autorités du retour de votre sœur[1] ? »

Le ton est cassant, sans concession. Sur l'écran de l'ordinateur, le procureur de la République François Molins affiche un visage sévère. Plongé dans ses dossiers, il évite mon regard et met fin à la visioconférence. Il vient de briser mes espoirs de sortie : mes quarante-huit heures de garde à vue dans les sous-sols de la DGSI sont prolongées.

À mes côtés, mon avocat Yann Le Bras est toujours silencieux, comme l'exige la procédure. Sa présence et ses coups d'œil pleins d'empathie ne suffisent plus

1. Les retranscriptions des auditions de Fatma à la DGSI ne sont pas littérales.

à me rassurer : je m'écroule, saisie par un profond sentiment d'injustice.

Comment aurais-je pu dénoncer ma mère, ma sœur ? Cela ne m'est jamais venu à l'esprit. J'aurais aimé trouver les mots pour expliquer à cet homme de loi la réalité dans laquelle je me débats et les raisons de mon silence, mais je suis si étrangère au monde de la justice.

Je ne perçois pas que, pour les enquêteurs, mon attitude est suspecte, que par cet interrogatoire ils évaluent ma dangerosité et, surtout, celle de ma sœur.

Depuis qu'elle est rentrée de Raqqa il y a un an, je ne me suis pas questionnée sur les raisons pour lesquelles elle n'avait pas été interpellée par la police française, pourquoi elle avait pu reprendre une vie normale, comme si rien ne s'était passé. J'étais aux prises avec mon quotidien : mon travail au supermarché, mes tentatives de rapatrier mes enfants en France. En réalité, ma sœur et moi étions sur écoute, peut-être même suivies : la DGSI espérait certainement que nous contactions Boubaker afin de le localiser, ce qui n'a pas été le cas.

La colère à nouveau me submerge :

« Je ne suis pas Boubaker, arrêtez-le, éliminez-le, tuez-le ! Je m'en fous, je n'ai rien à voir avec lui !

– Calmez-vous, madame, comprenez-nous : qu'est-ce qui nous prouve que tout ce que vous nous racontez, ce n'est pas de la *taqîya* ?

– De la quoi ? »

Je ne connais pas ce mot.

« De la dissimulation. Vous me racontez que vous buvez de l'alcool, que vous avez échappé à votre frère, à Peter Cherif… mais ce n'est peut-être qu'un double jeu de votre part.

– Quoi que je vous dise, vous ne me croirez donc pas ? Je n'ai donc aucune issue ? »

Un agent me ramène en cellule avant ma prochaine audition, j'essaie de dormir quelques heures, mais je n'y arrive pas. Je suis brisée.

En me rappelant mon histoire, j'ai réanimé mes démons. Je n'ai plus qu'une idée en tête : me noyer dans l'alcool dès que je sortirai de cet enfer.

CHAPITRE 32

Gav 4

Troisième jour de garde à vue : nouvel interrogatoire.

Je me demande ce que nous allons encore pouvoir aborder. Les enquêteurs ont disséqué avec moi dans les moindres détails cette cellule familiale radicalisée à laquelle j'ai voulu échapper. Ils m'ont interrogée longuement sur ma sœur et son séjour en Syrie, je leur ai dit le peu que je savais. Sans la moindre hésitation, je leur ai remis mon téléphone, les codes de mon compte Facebook, de ma boîte mail… Je n'ai rien à cacher, ils ne peuvent l'ignorer.

Derrière son ordinateur, le policier marque un temps d'arrêt, fixe comme à chaque fois son regard dans le mien, guettant ma réaction :

« J'ai une dernière question à vous poser : savez-vous que votre frère Boubaker el Hakim a été tué il y a quelques jours à Raqqa ? »

Je le fixe, les yeux écarquillés, prise d'un rire nerveux, avant d'éclater en sanglots.

Saurai-je vous expliquer pourquoi je pleure longuement ce frère qui fut mon bourreau, alors même que j'espérais sa mort ? Suis-je triste de sa disparition ? Non, à ce moment précis, je suis triste qu'il ait tant gâché sa vie et celle des autres, je suis bouleversée par ce champ de ruines qu'il laisse derrière lui : ces cadavres anonymes, cette famille disloquée dont je suis l'un des derniers témoignages.

Le chagrin laisse enfin place au soulagement, dans un soupir je murmure : « Tant mieux, maintenant, je suis délivrée. »

Le policier m'explique que Boubaker a été abattu par un tir de drone de l'armée américaine une dizaine de jours avant mon interpellation. Il me montre le communiqué du Pentagone. J'ai été arrêtée juste avant que l'information ne soit officialisée dans les journaux.

L'annonce brutale de la mort de mon frère après plusieurs jours de garde à vue est l'occasion pour les enquêteurs d'évaluer à nouveau mes rapports avec lui. Le choc est tel que je ne garde que des bribes de souvenirs de l'entretien qui suit.

Mon avocat m'expliquera que, sans doute, l'élimination de Boubaker avait précipité mon arrestation : « La DGSI a appliqué un principe de précaution : ils ne pouvaient pas vous laisser dans la nature sans être sûrs que vous vous désolidarisiez de votre frère. Comment savoir ce qu'il se passait dans votre tête ? Imaginez que vous soyez acquise à sa cause et que vous décidiez de commettre un attentat pour vous venger ? »

Je comprends ces arguments, mais je garde un goût amer de ces jours d'angoisse passés à la DGSI. Je les payerai de ma santé mentale pendant de longues années.

Quatre-vingt-seize heures ont passé depuis mon arrivée à Levallois, l'enquêteur principal s'immobilise à l'entrée de ma cellule et me présente un document à signer :

« Madame Fatma A., vous êtes libre, aucune charge n'a été retenue contre vous. »

L'étau sur ma poitrine se desserre, je respire.

« Et ma sœur ?

– Elle ne sortira pas aujourd'hui, je ne peux pas vous en dire plus. »

CHAPITRE 33

Effondrement

Je suis comme sonnée après ces jours sans sommeil, ou presque ; mon cerveau est dans le coton. Je n'ai qu'une idée en tête : ôter le pyjama rose à fleurs que je porte depuis le début de la garde à vue et me tirer le plus loin possible d'ici.

Dans une pièce du hall d'entrée, un agent me tend mes affaires de rechange, je n'ai pas le temps d'enfiler mes sous-vêtements qu'il m'intime l'ordre de déguerpir : « Vous vous rhabillerez correctement dehors, ce n'est pas une cabine d'essayage ici ! »

La dureté de son ton et son mépris me bouleversent outre mesure, je suis à fleur de peau, je sens que je perds pied.

Tel un zombie, je me retrouve dans la rue, hélant un taxi, sans un sou en poche. Direction rue de la Moselle dans le 19e arrondissement, là où tout a commencé. Où pourrais-je aller ?

Je retrouve l'appartement de ma mère et sa porte

d'entrée défoncée, seule l'une des colocatrices moldaves est encore là. Elle s'est occupée de ma nièce durant les premières heures de garde à vue de ma sœur, le temps de contacter sa belle-famille qui l'a récupérée ; quand on est en galère, ce sont des détails qui comptent : je lui promets qu'elle ne payera plus aucun loyer pour sa chambre.

Je me change, je me maquille et je sors.

Ce n'est qu'en rentrant au petit matin, après une nuit passée dans les chichas, les bars et les cabarets du 18e, à boire tous les verres qui se présentaient à moi et en racontant en boucle à mes amis ce qui m'était arrivé, que je m'écroule en pleurs sur le canapé du salon d'où j'ai été arrachée cinq jours auparavant. Les événements passés me reviennent, incessants, je n'ai plus d'objectif, plus d'avenir. Je sombre.

Ma chute durera plus de deux ans, je m'étonne encore d'y avoir survécu.

Cette fois, vodka et bières ne suffisent plus à calmer mon anxiété ; pour la première fois, je goûte à la cocaïne et je m'y perds. Au point que les semaines et les mois passent aussi vite qu'un claquement de doigts.

Je sniffe dès mon réveil, jusqu'à m'écrouler de fatigue au bout de plusieurs jours. Comme j'étais incapable de reprendre mon travail au supermarché, mon médecin m'a placée en arrêt maladie pour dépression. Je passe toutes mes indemnités dans la drogue, je ne me nourris que de pâtes au ketchup pour reprendre quelques forces et sniffer à nouveau.

Je m'éloigne de mes anciennes relations et ne côtoie plus que des personnes avec qui je consomme de la cocaïne. Je suis dans une paranoïa permanente, j'évite de raconter quoi que ce soit de mon histoire à ceux que je fréquente, car j'ai l'impression d'être surveillée constamment par la DGSI, je soupçonne ses agents de me suivre jusque dans mes longues soirées d'after. Qu'une conversation se porte soudain sur le terrorisme, sur Daech, et je suis submergée d'angoisse, persuadée que la personne qui aborde le sujet est un policier infiltré qui guette la moindre de mes paroles.

À de rares occasions, je tente de reprendre le travail, mais je ne parviens pas à affronter mes collègues et les clients : je repars en arrêt maladie. Jusqu'à mon licenciement puis mon expulsion de l'appartement de ma mère.

La DGSI m'a autorisée à échanger avec cette dernière. Elle est toujours à Raqqa, en Syrie. Elle a été informée de ma garde à vue avant même que je la contacte ; lorsque je la questionne sur la mort de Boubaker *via* un message vocal, sa réponse reste évasive : « Nous, on n'a rien à voir avec tout ça. »

Je n'en apprendrai pas plus et je n'insiste pas. À quoi bon, elle m'a déjà tant menti. Mais je l'aime, c'est ma mère. Au bout de quelques mois, elle me laisse un nouveau message vocal surprenant : « Coucou, on veut rentrer ! », puis ne donne plus aucun signe de vie.

Je suis tellement défoncée à la cocaïne et à l'alcool que je ne me rends pas compte que son silence s'éternise.

J'enchaîne les soirées dans les restaurants, les cabarets puis en after chez les uns et chez les autres. Je squatte là où je peux, disséminant mes affaires au gré de mes rencontres. Pendant plusieurs mois, j'habite dans la dépendance d'un garage automobile. La pièce donne sur la rue, sa fenêtre est cassée, masquée par un carton. Je dors à même le sol avec le bruit des passants et des voitures à quelques mètres de moi et les souris qui grattent dans les recoins de ce lieu insalubre. Ces conditions misérables n'ont pour moi aucune importance : je suis tellement abrutie par mes longues nuits sans sommeil à consommer de la drogue que je m'écroule pour me réveiller un jour plus tard et ressortir immédiatement.

Au bout d'un moment, j'acquiers une petite réputation dans ce milieu de la nuit très particulier. J'ai un carnet d'adresses de fêtards impressionnant et j'attire avec moi de nombreuses personnes partout où je me déplace. Les tenanciers de cabarets finissent par m'employer au noir comme serveuse et même comme gérante pour attirer des clients. L'un d'eux dira de moi, amusé par mon aplomb : « Tu es un démon, non seulement tu bois, tu sniffes mais en plus tu ne couches pas ! » Effectivement, beaucoup essayeront de me sauter dessus, mais je réussirai toujours à les repousser au dernier moment, après avoir largement profité de leur porte-monnaie. Je ne pense alors qu'à ma survie.

Le temps file, je suis dans une telle confusion mentale que je n'imagine plus récupérer mes enfants en

Tunisie : je serais incapable de m'en occuper. Je suis aussi persuadée que j'ai interdiction de sortir du territoire français – la DGSI ne me l'a pourtant jamais signifié – sous peine d'être arrêtée et de finir en prison.

Après deux ans de ce régime infernal, coupée de la réalité, je reçois un appel de ma sœur sur mon portable pour me fêter mon anniversaire. Nous sommes le 23 novembre 2018, j'ai 27 ans.

La justice a levé l'interdiction qu'elle avait de me contacter, elle veut que je la rejoigne chez elle en banlieue parisienne. Je n'en ai aucune envie. Je suis à Stalingrad complètement déboussolée, je n'ai même pas un sac sur moi, mais elle insiste. Je consens à m'engouffrer dans le métro pour la retrouver.

Lorsque j'arrive dans son appartement, sa fille est là, nous tombons dans les bras l'une de l'autre et pleurons sous le coup de l'émotion. Le temps de reprendre mes esprits, je comprends que Yasmina a préparé un gâteau au chocolat. L'appartement est propre, bien rangé et meublé avec goût ; elle a même un petit sapin de Noël dans un coin du salon.

Ces signes d'une vie normale et paisible me rendent amère : c'est elle qui est partie en Syrie, qui est sous contrôle judiciaire, et c'est moi qui me retrouve à la rue, dans la merde.

Yasmina ne me propose pas de m'héberger, elle ne peut pourtant ignorer que je suis dans un sale état : j'ai perdu au moins dix kilos et une partie de mes cheveux. Agacée, je la provoque : « Je suis libre maintenant : je fais ce que je veux, je sors quand j'en ai envie. Plus personne ne décide pour moi. »

Je repars, confortée dans l'idée que je ne peux compter que sur moi : ma famille, c'est terminé.

Quelques semaines auparavant, comme poussée par une intuition, j'ai posté sur Facebook un message avec une photo de ma mère : « Repose en paix. » Elle ne me répond plus depuis si longtemps.

CHAPITRE 34

Driss

J'aurais pu rester au fond du trou et continuer à creuser mais, pour une fois, quelqu'un m'a tendu la main. Si je vous raconte que j'ai rencontré l'amour et qu'il m'a sauvée, c'est un peu un cliché. Disons que j'ai participé activement à mon sauvetage.

Depuis ma garde à vue, plus personne en Tunisie ne veut me parler au téléphone de peur d'avoir des problèmes avec les autorités, à l'exception de ma belle-famille qui m'autorise des échanges vidéo avec mes enfants afin que je garde le lien. Ils me manquent mais, au vu de ma situation psychologique et financière, je suis rassurée de les sentir en de bonnes mains avec leurs grands-parents et leur père.

En 2019, je parviens à renouer avec un cousin avec qui j'ai de longues discussions ; il tente de me convaincre d'arrêter la cocaïne, de venir voir mon fils et ma fille… Pour me sortir de mes errances, il me propose de m'envoyer 200 euros afin que je puisse louer une chambre chez un ami.

J'ai rendez-vous à un arrêt de bus pour récupérer l'argent. Un homme se présente et me donne la somme comme convenu, puis me propose gentiment de boire un café sur la terrasse d'un restaurant italien. Il s'appelle Driss, il a mon âge, il est tunisien, son regard doux et son attitude calme m'inspirent immédiatement confiance.

On commande une pizza, une salade de tomate mozzarella, puis une bouteille de vin. Le courant passe : je lui raconte mon histoire, mon terroriste de frère ; il m'écoute. Il s'intéresse à moi comme personne ne l'a jamais fait, il s'inquiète : « Pourquoi tu prends toute cette cocaïne ? », sans pour autant me juger.

Après quelques heures, nous partons déménager mes affaires dans la chambre que je loue désormais. Au moment de nous quitter, nous nous acceptons mutuellement comme « amis » sur Facebook.

Seule sur mon lit, je le recontacte, nous discutons toute la nuit en ligne. Je suis comme sur un nuage et peu importe si j'ai l'air complètement niaise. Oui, Driss m'a soudain rappelé que j'ai encore toute la vie devant moi.

Il me donne rendez-vous dans un hôtel, nous ne nous sommes plus jamais quittés.

En me sentant aimée et soutenue, tout redevient possible. Je me reconstruis doucement et, pour commencer, j'arrête la cocaïne, d'un coup, brutalement. Un soir, j'achète un gramme, je le mets sur la table devant moi, je le regarde sans y toucher. Je pleure tant j'en ai envie, mais je le laisse là, intact. Depuis, je ne prends plus la moindre ligne de coke.

Je m'installe chez Driss, puis j'entame les démarches administratives que j'ai délaissées : demande de HLM pour accueillir un jour mes enfants, renouvellement de carte Vitale, de passeport… je réapparais dans le monde des vivants.

Le petit appartement dans lequel nous logeons est modeste, c'est un havre de paix après mes deux années d'errance. Je mets tout en œuvre pour l'aménager confortablement. Mes rêves sont simples : de la vaisselle, quelques coussins et des plaids sur le canapé du salon, une télévision. Un bureau aussi où j'ai disposé consciencieusement des feuilles, des stylos et des marqueurs de couleur, car j'ai décidé de reprendre mes études par la petite porte.

Je me suis inscrite à une formation pour obtenir une « capacité de transport léger de marchandises ». Driss et moi avons pour projet de monter une société de livraison. Les quatre semaines de cours nécessaires à l'obtention du diplôme sont un intense moment de bonheur, c'est comme si je retournais sur les bancs de l'école dont Boubaker m'a exclue. Je bois les paroles du formateur, je prends des tonnes de notes et j'apprends tout par cœur tant je veux me prouver que je suis capable d'étudier. J'ai encore en tête mes échecs scolaires au collège irakien et je m'interroge sur mes capacités intellectuelles.

À l'issue de la formation, j'obtiens mon diplôme haut la main : le premier diplôme de ma vie. Je suis à la fois fière et très en colère. Ce certificat que je tiens entre mes mains me rappelle combien Boubaker m'a privée de toutes les opportunités que pouvait m'offrir une scolarité normale en France.

J'hésite toujours à retourner en Tunisie mais, après être tombée enceinte de Driss, celui-ci insiste : « Il faut que tu récupères ton fils et ta fille avant d'accoucher, afin de créer un lien familial et que nous vivions tous ensemble avec notre bébé. [...] Si tu es arrêtée à l'aéroport à Tunis, je trouverai les milliers d'euros nécessaires pour te faire libérer. »

Je crois en mon nouveau compagnon et, cette fois, je ne me suis pas trompée. Il a préparé le terrain en contactant ma famille qui s'est renseignée sur la sienne – des commerçants plutôt aisés – et, à partir de là, tout s'enchaîne pour le mieux. J'entre sur le territoire tunisien sans encombre, je retrouve mes enfants après trois ans et demi de séparation. Mon ex-mari ne veut plus supporter leur charge ; il s'est mis en ménage et est ravi de s'en débarrasser, tout comme mes beaux-parents, fatigués à leur âge de s'en occuper au quotidien. Enfin, j'engage une procédure de divorce et, cette fois, elle ira jusqu'au bout.

Le temps n'a pas rompu les liens que j'avais avec mon fils et ma fille. En septembre 2020, après un été à profiter de nos retrouvailles et à les gâter à coups de glaces et de manèges, ils prennent le chemin de l'école primaire en France, avec le naturel et la tranquillité des enfants qui se savent près d'une mère aimante, en sécurité. Je ne cesse de leur rappeler combien j'aurais souhaité être à leur place, combien cette éducation-là est précieuse, moi qui en ai été privée. J'apprends avec eux les règles de grammaire que je n'ai jamais apprises, je leur achète les livres dont je rêvais enfant, je m'inquiète de leurs mauvais résultats, je me réjouis de leurs réussites, comme tous les parents, non ?

Je ne leur raconte pas tout de mon histoire – rien de Boubaker –, ils sont trop jeunes. Je pense avoir le temps.

Alors que je suis à un mois d'accoucher, les morts et les disparus vont pourtant se rappeler à nous tous, par un simple appel téléphonique de mon ex-beau-frère en Tunisie.

Il a reçu une lettre de mon plus jeune frère, Ali, par le biais du Comité international de la Croix-Rouge : il est vivant, incarcéré dans une prison kurde.

Mon beau-frère hésite à entamer la lecture du courrier, il insiste pour parler à Driss. Après quelques minutes d'échanges, mon compagnon se tourne vers moi :

« Assieds-toi et respire lentement.

– Mais qu'est-ce qu'il se passe ?

– Dans la lettre, Ali annonce que ta mère est morte. »

Voilà, c'est fini. Après deux ans de silence, je l'avais deviné, même si je gardais un tout petit espoir de recevoir un jour son appel depuis la Turquie, m'annonçant qu'elle rentrait.

Si ma tristesse est immense, cette nouvelle est aussi un soulagement. Pas un jour ne se passait sans que je parle de ma mère à Driss, je lui confiais les pensées qui m'obsédaient : je l'imaginais en prison, torturée, violée, affamée.

Je ne sais rien des circonstances de sa mort, mais au moins je peux faire mon deuil.

Dans son courrier, Ali annonce également que sa femme est décédée et qu'il a eu un autre enfant, Youssef, un garçon lui aussi.

J'ai donc deux neveux quelque part en Syrie. L'aîné, Salah, a l'âge de mon fils.

CHAPITRE 35

Sauvetage

Avant cette lettre de mon frère, je ne connaissais pas l'existence de la Croix-Rouge et je suivais très peu l'actualité internationale, y compris les événements en Syrie. Je n'avais jamais tenté quoi que ce soit pour retrouver les membres de ma famille disparus. Ils étaient partis, poussés par une idéologie dont je voulais tout oublier, dans une guerre qui ne me concernait pas.

Désormais, je ne peux rester indifférente au sort d'Ali et de ses enfants, la dizaine de lignes maladroites qu'il m'adresse dans ce courrier résonne en moi comme un appel au secours.

Je contacte la Croix-Rouge internationale et je suis rapidement mise en relation avec l'une de ses responsables à qui j'explique la situation. Elle est très étonnée de mon appel : elle essayait justement de me retrouver, sans succès.

Elle me conseille d'écrire à mon tour un courrier à Ali, la Croix-Rouge se chargera de le lui faire passer.

Je me heurte à un problème de taille : je n'ai jamais écrit une lettre, encore moins à Ali.

Je ne sais par où commencer, j'ai trop de questions : que dire à ce frère qui est si loin de moi et dont je ne connais pas les motivations profondes de son départ en Syrie ? Ai-je vraiment envie de me replonger dans cette histoire familiale douloureuse, au risque de nuire au bonheur des miens ?

Je laisse passer les mois. J'accouche d'une petite fille et profite pleinement de ma famille recomposée, j'ai toujours en tête cette nécessité d'écrire à Ali ; je n'y arrive pas, je bloque devant la page blanche.

Un jour, les mots viennent enfin :

> *Salam cher grand frère, tu ne peux pas imaginer comme je suis heureuse d'avoir de tes nouvelles et en même temps très triste d'entendre que maman et ta femme sont décédées. Que Dieu leur accorde le paradis, elles me manquent tellement. [...] Concernant tes enfants [...] je ferai mon maximum pour qu'ils viennent et je m'en occuperai pour toi, ne t'inquiète pas.*

La Croix-Rouge m'a prévenue : ce message mettra environ six mois à parvenir à mon frère, je ne dois pas m'attendre à une réponse avant un an. Tous les courriers passent par la censure, cela prend du temps.

Ali est considéré comme un combattant de Daech depuis qu'il a été capturé lors de la chute de l'État islamique ; son sort en détention reste très incertain. Comme pour l'ensemble des djihadistes français détenus dans les prisons kurdes ou irakiennes, la France refuse son rapatriement. Ce n'est pas la peine de dépenser des fortunes en avocats pour essayer de le sortir de là. Ali est mon frère et je l'aime pour tout ce que nous avons partagé ensemble enfants, mais j'estime aussi que c'était son choix de rejoindre Daech, à lui d'en payer les conséquences.

Je ne peux en revanche me résoudre à abandonner mes neveux, ils ne sont que les victimes des décisions de leurs parents. Comment ne pas me projeter dans leur situation, moi qui ai subi dès le plus jeune âge les choix de Boubaker et son lavage de cerveau salafo-djihadiste ? Si j'étais née dix ou vingt ans plus tard, je serais en Syrie, à leur place. Il faut qu'ils rentrent en France, je pourrai les protéger, c'est mon devoir.

Je rédige donc une demande auprès de la Croix-Rouge pour qu'elle entame des recherches afin de les retrouver. Parallèlement à cette démarche, je suis orientée auprès d'une organisation dont les proches sont partis en Syrie : le Collectif des familles unies. Je doute qu'il puisse m'aider en quoi que ce soit, mais j'envoie tout de même un message sur son groupe WhatsApp, la règle exigeant que chaque nouveau contact précise quel membre de sa famille a rejoint l'État islamique.

Bonjour, je m'appelle Fatma. On était cinq frères et sœurs à la maison. Ma mère, ma sœur et sa fille sont parties en 2015, mon frère Ali, sa femme et leurs deux fils également. Mon frère Boubaker est mort à Raqqa d'un tir de drone. J'ai un autre frère mort en Irak en 2004. Je suis la seule à ne pas être partie[1].

Les réactions sont immédiates :

– *Ouaou !*
– *Incroyable.*
– *Bon courage à vous !*

Les gens sont choqués qu'une famille entière ait pu ainsi embrasser le projet de l'État islamique. Quant à moi, je découvre que je ne suis pas seule dans mes recherches.

Un soir, je me rends à une réunion du Collectif à Paris, espérant en apprendre plus. Lorsque j'entre dans le local associatif qui accueille la rencontre, je découvre autour d'une grande table ronde des jeunes, des personnes âgées et, surtout, des « Jean-Pierre », des « Christine », des « Philippe », des personnes qui viennent de la campagne… C'est quoi ce délire ? Je ne pensais trouver que des « Farida » ou des « Mohammed » !

1. Les retranscriptions des messages vocaux et écrits ne sont pas littérales, elles résument de longs échanges tout en conservant leur substance.

Le tour de table débute. En scrutant les visages de ces hommes et de ces femmes qui racontent le parcours de leur frère, leur mère, leur fille, leur petite-fille… embarqués par l'idéologie djihadiste, radicalisés parfois en quelques jours avant de rejoindre Daech, un sentiment de culpabilité monte en moi : c'est mon frère qui est à l'origine de leur malheur. Oui, indirectement, Boubaker a participé à leur radicalisation, lui qui était un vétéran du djihad, un recruteur. Lui qui a participé activement à la diffusion de l'idéologie salafo-djihadiste au début des années 2000. Mon frère Redouane ne fut-il pas sa première victime en 2004 ?

Je suis envahie par ces pensées quand arrive mon tour de prendre la parole. Je me lève :

« Bonjour, moi, c'est un peu compliqué… »

Je ne parviens pas à finir ma phrase, j'étouffe sous les sanglots, je ne peux plus respirer. C'est trop dur. Des participants m'aident à sortir pour prendre l'air.

Quelques minutes plus tard, je leur explique entre deux hoquets :

« Vous, c'est un seul membre de votre famille qui est parti, moi, c'est tout le monde. TOUT LE MONDE ! »

Un étau enserre mon crâne, je comprends que je porte encore cette famille dysfonctionnelle sur les épaules. Il faut que je gère la détention de mon frère, peut-être bientôt les parloirs de ma sœur si elle est condamnée à de la prison ferme en France, sans parler de mes neveux…

Je sors de cette réunion rincée, épuisée, plus lucide aussi.

Ce collectif va m'aider, il est une mine d'informations concernant le fonctionnement des prisons et des camps où sont détenus les djihadistes français et leurs enfants.

À partir de ce jour, j'appréhende le parcours de ma famille avec un point de vue plus global. Je me mets à lire tout ce qui concerne l'État islamique, la Syrie, le terrorisme djihadiste en France, au niveau international… Je passe des nuits entières à échanger sur la messagerie du Collectif des familles unies. Je pose des questions, je prends des notes.

Je découvre ainsi le nom des camps où sont détenus les femmes de djihadistes et leurs enfants : Al-Hol et Al-Roj. Grâce au contact d'une journaliste française qui est partie là-bas en reportage, je comprends peu à peu les conditions extrêmes dans lesquelles vivent ceux qui y sont détenus. Elle m'explique les distributions de nourriture, la poussière, le froid, les maladies, l'omniprésence de Daech et le rapatriement au compte-gouttes des enfants en France. Le camp est officiellement contrôlé par les Forces démocratiques syriennes, à majorité kurde, et par les États-Unis, mais en réalité une grande partie du camp est à nouveau sous la coupe de Daech qui continue d'endoctriner et de recruter.

Je visualise l'enfer où vivent peut-être mes neveux.

Je n'ai toujours aucune information sur l'endroit où ils se trouvent, le groupe WhatsApp a ses limites.

Après des jours à mendier sans succès la moindre nouvelle de Salah et de Youssef auprès de ceux qui ont de la famille dans les camps, j'envoie en substance ce message agacé :

J'avais compris qu'on était un collectif. Un collectif ça veut dire qu'on partage ! Vous avez tous des contacts dans les camps d'Al-Hol et Al-Roj, vous savez tous à qui parler, mais vous avez peur de me donner les numéros. Vous craignez que l'on sache que vos filles, vos belles-sœurs… ont des téléphones portables[1]*, appelez-moi anonymement, ce n'est pas grave. Mais donnez-moi des renseignements !*

Deux jours plus tard, je suis au volant de ma voiture, je reçois l'appel d'une femme en numéro masqué :

Bonjour, je vous contacte suite au message que vous avez laissé sur le groupe. Aux dernières informations, votre neveu Salah a été transféré du camp d'Al-Hol à celui d'Al-Roj. Pour l'instant, il est détenu dans une annexe du camp avec la famille qui l'a recueilli. C'est le protocole en cas de transfert, ils vont être interrogés. Une personne va vous appeler de là-bas, elle vous en dira plus.

1. La détention de téléphone est interdite dans les camps et punie de six mois d'emprisonnement. Elle est pourtant largement répandue.

Mon neveu Salah est à Al-Roj, au nord de la Syrie, près de la frontière irakienne. Je suis si heureuse de le savoir vivant, le sortir de là-bas va devenir mon obsession.

Quant à Youssef, le plus jeune fils d'Ali, je ne peux hélas plus rien pour lui. Dès mon premier contact téléphonique avec une femme sur le camp, j'apprends qu'il est décédé. Il avait 1 an. Il est mort de faim après la disparition de sa mère dans les bombardements de Baghouz[1].

Après des jours d'échanges et de tractations, je parviens à localiser, grâce à mon contact et de multiples intermédiaires, l'endroit précis où vit Salah dans le camp. Il a été recueilli par une Tunisienne d'une quarantaine d'années, une copine de ma mère lorsqu'elle vivait à Raqqa. Je lui fais parvenir mon numéro par une de ses connaissances sans rien préciser sur mes intentions, hormis le fait que je veux avoir des nouvelles de mon neveu, que je veux lui parler. Je me méfie.

Pendant des semaines, je ne reçois aucune réponse de sa part. Elle aussi se méfie.

Je l'ignore mais, à la même période, Ali écrit *via* la Croix-Rouge à cette Tunisienne en charge de mon

1. Al-Baghouz Fouqani est une ville de Syrie, le dernier bastion de l'État islamique après la chute du califat. En février 2019, assiégés par les forces kurdes, bombardés par la coalition internationale, près de 3 000 djihadistes finissent par se rendre, laissant derrière eux de nombreuses victimes, dont des femmes et des enfants.

neveu. Il lui demande d'entrer en contact avec moi, sans savoir que j'ai pris les devants, que je suis déterminée à rapatrier Salah en France.

C'est ainsi que, sans comprendre ce qui l'a soudain motivée, cette femme m'envoie pour la première fois un message écrit. Elle se présente : elle s'appelle Oum Fida. Une Française lui a confié Salah avant de s'échapper vers la Turquie et, précise-t-elle, si elle ne m'a pas contactée jusque-là, c'est que l'intermédiaire qui lui a donné mon numéro lui a conseillé d'être sur ses gardes : je veux ramener Salah en France.

Je comprends immédiatement à la teneur de ce message que cette femme est à fond pro-Daech. Des années à vivre aux côtés d'un frère djihadiste, on ne me la fait pas à l'envers. Cette découverte me rend folle de rage, je peste et crie toute seule dans ma cuisine, au point que mes enfants arrivent en courant pour voir ce qu'il se passe :

« Mais c'est pas possible ! Elle est encore dans son délire djihad avec la misère qu'elle vit. Ça ne lui suffit pas cette galère dans laquelle elle s'est mise ? Ça ne leur suffira donc jamais ? »

Passé ce moment de colère, je ne me démonte pas, je lui laisse à mon tour un message vocal en adoptant les éléments de langage salafo-djihadistes :

« *Salam Alleykoum* ma sœur, ramener Salah en France ? Chez ces mécréants ! Surtout pas, JAMAIS ! »

Gagné : elle me répond par des formules de politesse, un dialogue s'engage ; elle m'a crue.

Pendant tout un été, je mets Oum Fida en confiance en feignant d'être une djihadiste convaincue. Nous parlons par messages vocaux interposés. Lorsque j'entends sa voix et les bruits autour d'elle, je suis comme transportée en Syrie, dans le camp d'Al-Roj. Je vois les centaines de tentes, les enfants qui jouent dans la poussière, les femmes en *niqab*. Je suis dans un état second : je vis là-bas, je parle comme là-bas. Je joue le meilleur rôle de ma vie.

Rassurée, Oum Fida se lâche : « *Inchallah*, ton neveu il deviendra un combattant de Daech. *Inchallah*, il faut qu'il venge son père, sa mère, son oncle Boubaker. » Elle a connu ce dernier, elle est enthousiaste : « Abu Muqatil[1], c'était un émir », « Un grand combattant ». « Et d'ailleurs, m'explique-t-elle, ton neveu Youssef qui est décédé, ce n'était pas son vrai nom, il s'appelait "Qaatil", en l'honneur de son oncle. »

Cette dernière information est un choc pour moi et pour mon compagnon à qui je l'apprends :

« Fatma, est-ce que tu te rends compte que "Qaatil", ça signifie "tueur", "assassin" ? Mais comment peut-on donner un nom pareil à son enfant ! »

Les propos radicaux et illuminés de Oum Fida me rendent dingue, mais je n'ai pas le choix : je dois acquiescer, la caresser dans le sens du poil, en rajouter

1. Le nom de guerre de Boubaker el Hakim.

dans son sens. C'est la seule solution à ma portée pour récupérer mon neveu.

Oum Fida a rencontré à Raqqa tous les membres de ma famille partis en Syrie. Elle me parle de ma sœur :

« C'est une folle[1] ! »

Je précise, hypocritement :

« Non, c'est une traître ! Elle est rentrée en France ! »

Je l'interroge aussi sur ma mère, j'ai tant besoin de connaître les circonstances de sa mort. Elle m'apprend qu'elle a été renversée par une voiture ; Oum Fida l'a veillée durant son agonie à l'hôpital, elle serait morte paisiblement, préparée selon les rites et enterrée comme il se doit.

Quelle ironie de l'histoire : mourir dans un accident de voiture en pleine guerre à Raqqa. Paradoxalement, je suis apaisée par cette nouvelle. Je craignais qu'elle soit décédée comme ma belle-sœur à Baghouz dans d'horribles conditions.

Je ne sais pas si c'est pour me faire plaisir, si c'est de la manipulation, mais Oum Fida me loue longuement les qualités de ma mère, sa gentillesse. Elle me confie tout de même qu'elle surveillait Ali en permanence, de crainte qu'il fuie l'État islamique. Mon frère n'était pas assez « à fond », me précise-t-elle.

1. Concernant Oum Fida, tous les échanges sont traduits de l'arabe.

Puis-je la croire ? Peu importe, je ne perds pas mon objectif : sauver mon neveu. Le temps presse, chaque minute qu'il passe entre les mains de cette femme ultraradicalisée est une minute de trop.

Oum Fida m'envoie enfin ce qui s'apparente à une preuve de vie : une vidéo pour me présenter mon neveu. La scène est glaçante. Ce petit garçon de 8 ans que j'ai connu bébé apparaît debout sous une tente. Il prend la parole et récite son message d'une petite voix fluette, sous le contrôle manifeste de cette femme djihadiste postée hors champ à côté de lui vers qui il tourne régulièrement le regard, cherchant son approbation.

« *Salam Alleykoum*, ma tante, comment vas-tu ? Et la famille ? Longue vie à toi, je te bénis ainsi que tous tes proches. »

Rien n'est naturel dans cette déclaration, je maudis cette horrible femme, réconfortée aussi de voir mon neveu vivant. Je montre la vidéo à mes enfants : « Regardez, c'est votre cousin, Salah. Je vais le ramener en France. Bientôt, il vivra avec nous ! »

Dès mes premiers contacts au camp d'Al-Roj, je me suis attaché les services d'une avocate, Marie Dosé, qui se bat pour le rapatriement des femmes françaises et de leurs enfants détenus dans les camps syriens. Elle a entamé toutes les démarches nécessaires pour que la France s'occupe du cas de mon neveu. Elle a aussi écrit à la DGSI pour informer les services de renseignement de mes tractations avec des femmes du camp.

En nouant des contacts avec Oum Fida, je nage en eau trouble, il ne faut en aucun cas que je sois soupçonnée de participation à une entreprise terroriste. Je dois garder la tête froide même lorsque je suis tentée de lui envoyer de l'argent pour m'attirer sa sympathie et, surtout, améliorer le sort de mon neveu. Je vois bien que Salah vit dans des conditions terribles mais, si je cède, je peux me retrouver inculpée et condamnée pour financement d'une entreprise terroriste. Des parents de djihadistes français en ont fait les frais plus d'une fois.

Les échanges vocaux ont laissé place aux vidéos en direct. Afin de gagner toujours plus la confiance de Oum Fida, je dois tenir mon rôle et penser à chaque détail qui pourrait me trahir. Lorsque nous nous appelons, je mets un voile noir, je tiens mon téléphone de manière qu'elle ne voie pas mes ongles vernis.

En préparation de l'une de ces vidéos où j'ai prévu de montrer des photos de famille à Salah, j'ai le réflexe de les retirer des murs de mon appartement et de les mettre dans un tiroir. Les photos sont *haram* pour les salafo-djihadistes.

L'appel vidéo commence, je sors devant Salah les clichés soi-disant cachés, montrant ostensiblement que je connais l'interdit religieux. Je lui en décris un :

« Regarde, c'est ton père et moi ! Ton père et moi, on a le même sang que toi. »

Salah me décroche alors un grand sourire spontané. C'est la première fois que cela arrive.

« Je t'aime, ma tante. »

Grâce à mes démarches, je suis en contact direct avec le quai d'Orsay qui organise des rapatriements de femmes et d'enfants français détenus à Al-Roj. Je suis parvenue à localiser exactement où se trouve Salah ; j'ai une « taupe » : une femme qui ne soutient pas l'État islamique et qui me donne de ses nouvelles au jour le jour. Elle habite dans une tente voisine de celle de Oum Fida.

Lors de trois opérations de rapatriement, je les informe sur la position de mon neveu dans le camp. J'ai le quai d'Orsay quasiment en direct, sans succès. Ça me rend folle. À chaque fois, Oum Fida parvient à cacher Salah, puis me contacte.

« C'est toi qui as demandé aux Français de récupérer ton neveu ? Ils le cherchent partout.

– Bien sûr que non, ma sœur ! C'est parce que c'est un enfant de la France qu'ils essayent de le récupérer. Moi je ne veux pas, mais je ne peux pas les empêcher.

– Ne t'inquiète pas, je l'ai bien caché, je l'ai déguisé avec un *niqab* pour qu'on ne le reconnaisse pas. »

En pleine tentative de sauvetage, je reçois la lettre d'Ali envoyée plus de six mois auparavant m'indiquant qu'il m'a recommandée auprès d'Oum Fida, ses propos me déconcertent :

Fatma, laisse Salah avec cette famille tunisienne pour l'instant, jusqu'à ce que je sorte. Mais reste en contact avec eux. Salah a trouvé ses repères avec eux. Je ne veux pas l'arracher à ça avec tout ce qu'il vient de vivre [...]. C'est des gens bien [...]. Pour l'instant je préfère que Salah reste avec eux jusqu'à ce que je sache dans quel pays je serai envoyé. Je veux que Salah aille où je vais pour l'instant. Je suis en Syrie alors il reste en Syrie. Peut-être qu'il y aura des visites, peut-être que je pourrai le voir.

Je ne comprends pas mon frère, comment peut-il souhaiter que son fils reste aux côtés de cette famille de fanatiques qui enseigne le Coran à Salah à coups de bâton (une anecdote qui m'a été rapportée par Oum Fida elle-même) ? Je veux aider Ali, mais je dois reconnaître qu'il est devenu un étranger pour moi. Il est hors de question que je suive ses recommandations.

Ce combat, je le mène aussi pour la petite fille que j'ai été. J'ai l'impression d'avoir 8 ans et d'être dans cette tente au milieu de ce paysage aride. Sauver Salah, c'est aussi me sauver.

Je ne lâche rien. Je harcèle le quai d'Orsay, mon avocate, mon alliée sur le camp d'Al-Roj...

Enfin, un jour, ma « taupe » m'apprend que Salah a été récupéré par les soldats de la coalition. Il est dans une petite maison destinée aux enfants avant leur rapatriement. Mes démarches incessantes ont porté leurs fruits. Oum Fida n'a pas eu le choix, elle a remis Salah aux autorités kurdes après avoir été convoquée dans un bureau de la coalition internationale. J'imagine qu'ils lui ont mis une grosse pression, ils ont dû la menacer de sanctions, elle et sa famille qui vit sur le camp.

Fidèle à mon double jeu, tant que Salah n'est pas en France, je l'appelle et maintiens le contact :

« Qu'est-ce que je fais, ils l'ont récupéré, ils vont le renvoyer en France ?

– Ne t'inquiète pas, je l'ai bien préparé au cas où cela arriverait. Je lui ai dit : "Quand tu descends de l'avion en France, tu dis oui à tout. Tu dessines des nuages, des fleurs pour leur montrer que tout va bien... Tu leur dis pas ce que tu penses, à ces mécréants." »

Je suis amère, j'estime que Salah, en tant que Français, aurait dû être rapatrié dès les premières minutes de son arrivée dans le camp. Il aurait échappé à ce lavage de cerveau d'Oum Fida et de sa bande de femmes radicales. J'ai peu de doute que son destin était tout tracé si je n'étais pas intervenue : il serait devenu un combattant de Daech.

Heureusement, mon neveu n'a que 8 ans, je me réconforte en pensant qu'à cet âge tout est encore possible, il oubliera vite.

Plus tard, Oum Fida m'envoie un message, se doutant certainement de mon double jeu :

« De toute façon, tu ne le récupéreras jamais ton neveu, vu le dossier familial que vous avez. »

Ces mots emplis de méchanceté me touchent plus que je ne le souhaiterais, peut-être a-t-elle raison.

Les jours passent, un nouveau rapatriement est prévu, je guette mon téléphone.

En octobre 2022, à 3 h 50 du matin, je reçois l'appel de mon référent au ministère des Affaires étrangères :

« Madame Fatma A., je vous annonce que votre neveu Salah est arrivé cette nuit à l'aéroport du Bourget. Il va être placé en observation.

– Comment va-t-il ?

– Je vous rassure, il va bien, il est pris en charge par nos équipes. Maintenant, à vous d'entamer les procédures nécessaires pour le rencontrer. »

Je raccroche. Assise dans mon lit, je jubile, euphorique : cet enfant sur le sol français, c'est une revanche sur mon passé, sur Boubaker et son idéologie de mort.

Toutes ces semaines, ces mois passés à me battre pour que Salah sorte de ce camp, c'est comme si j'avais affronté l'État islamique. Ah ! vous m'avez écrasée, humiliée, me dis-je, mais ce petit, il ne sera pas comme vous, il ne sera pas l'un des vôtres, jamais.

Ce matin, à l'aube, j'ai vaincu Daech.

CHAPITRE 36

Joyeux Noël

J'avoue, je me suis fait plaisir. Quelque temps plus tard, je recontacte Oum Fida au camp d'Al-Roj.

Je lui envoie une vidéo tournée à mon domicile. J'apparais en selfie devant le sapin de Noël, installé à l'occasion des fêtes de fin d'année. Je me mets à chanter sur un ton ironique : « Petit papa Noël, quand tu descendras du ciel, avec tes jouets par milliers, n'oublie pas mes petits souliers… », avant d'enchaîner sur un ton déterminé : « Salah sera un mécréant comme moi s'il veut ! Il sera homosexuel s'il veut ! Il fera ce qu'il veut ! Tu as cru que j'étais une combattante de Daech ? Ha, ha, ha ! Tu croyais que j'étais voilée ? Mais pas du tout, je bois du vin ! Va mourir grosse m… ! »

Et je la bloque sur mon téléphone.

Elle me répond depuis un autre numéro par des messages d'insultes, des émoticônes avec des doigts d'honneur. Pour une salafiste, c'est quand même un comble.

Je la nargue : « Tu ne peux rien faire ! Il est en France ! Tu vas faire quoi ? »

Je suis si heureuse que je chante et danse dans mon appartement sur l'air de *La Reine des neiges* : « Libérée, délivrée… »

Mon compagnon pleure de rire, mais me conseille sagement :

« Ne fais pas ça…

– Quoi ? Je vais me taire ? Après l'enfer qu'elle m'a fait vivre, qu'ils m'ont tous fait vivre ! Je ne me tairai plus devant ces gens. »

Je ne sais pas si je suis sur écoute de la DGSI ce jour-là, mais, si c'est le cas, j'espère que les agents passent un aussi bon moment que moi.

CHAPITRE 37

Un revenant

Je reste figée, mon cœur bat à tout rompre en entendant au téléphone les paroles de mon interlocuteur :

« Bonjour, madame Fatma A. ?

– Oui.

– C'est la Direction générale de la sécurité intérieure à Levallois-Perret. Nous vous convoquons en tant que témoin dans nos bureaux pour un entretien.

– Mais pour quel motif suis-je convoquée, c'est à quel sujet ?

– Nous vous en dirons plus quand vous viendrez. Bonne journée.

– Heu, oui, bonne journée également. »

Je suis dans une panique totale. Mais qu'est-ce qu'ils me veulent encore ? S'il est un endroit où j'espérais ne plus jamais remettre les pieds, c'est bien la DGSI.

Je suis persuadée que, si j'y retourne, je n'en ressors plus. Je rappelle le numéro :

« Bonjour, c'est à nouveau madame Fatma A. Je désirerais des précisions sur ma convocation. Elle concerne mon frère, ma sœur ?

– Non madame, ça ne concerne pas votre famille. Venez le jour indiqué, il n'y en aura pas pour longtemps.

– Mais comment avez-vous eu mon numéro ?

– Madame, nous sommes en charge du renseignement en France… Si nous voulons un numéro de téléphone, nous l'obtenons. »

Il raccroche.

« Pas pour longtemps »… Je n'y crois pas. Six ans après ma garde à vue, je ne saisis pas ce qui peut motiver cette convocation si ce n'est mon frère ou ma sœur ; me voilà replongée en pleine paranoïa. Vais-je devoir me justifier sur mes contacts répétés avec Oum Fida et les femmes du camp d'Al-Roj ? Dans tous les cas, je ne m'attends à rien de bon.

Le jour venu, au volant de ma voiture en direction de Levallois-Perret, je m'arrête un instant pour appeler une dernière fois l'agent de la DGSI, usant d'un ultime subterfuge pour tenter d'obtenir quelques informations sur ce qui m'attend…

« Bonjour, je suis convoquée à 14 heures, comme je suis en voiture, je voulais savoir combien de temps ça allait durer pour l'horodateur du parking ?

– Il y en a pour une heure ou deux au maximum, venez. »

Au pied du bâtiment, j'envoie un SMS à mes amis et à mon compagnon, telle une condamnée au pied de l'échafaud : « Je rentre à la DGSI. »

Le policier m'accueille dans un bureau et va pour consulter le dossier qui me vaut cette convocation. Le PC ne marche pas. Fébrile, je tente deux ou trois blagues pour détendre l'atmosphère, surtout la mienne. Je suis stressée. Puis enfin :

« Ah voilà ! Nous vous avons convoquée comme témoin dans le dossier de M. Peter Cherif. »

Mon corps entier se détend, j'éclate d'un rire nerveux.

« Vous n'auriez pas pu me le dire avant ? Je ne me serais pas rongé les sangs pendant des jours avant ce rendez-vous !

– Mais madame, vous êtes convoquée comme témoin, vous n'êtes pas mise en cause. Nous voulons juste en savoir plus sur Peter Cherif. »

Depuis ma fuite le 31 janvier 2009, je n'ai plus jamais revu Peter Cherif. Je ne me suis pas même doutée que cette convocation pouvait être en rapport avec lui.

« Est-ce qu'il vous a fait part de projets d'attentats lorsque vous étiez ensemble ? Est-ce qu'il voulait s'attaquer à la France ?

– Un projet d'attentat ? Mais il ne me parlait de rien, Peter ! Tout ce qui l'intéressait, c'était que je lui appartienne. Que personne ne me voie, que personne n'échange une parole avec moi. Que personne ne sente même mon odeur ! »

Je raconte à nouveau au policier les viols, ma séquestration, ma fuite. Je réalise en témoignant que, contrairement à Boubaker, mon « mari » n'a jamais essayé de me convaincre de ses idées ou de m'enseigner la religion telle qu'il la concevait. Pour lui, je n'avais aucun intérêt, je n'existais pas en tant que personne.

L'entretien dure moins d'une heure, il me laisse perplexe : pourquoi ce soudain intérêt pour cet homme dont j'espérais oublier l'existence même ?

Empêtrée dans la cocaïne et la dépression puis concentrée sur le sauvetage de mon neveu, je suis passée totalement à côté de l'actualité.

Peter Cherif a été arrêté le 16 décembre 2018 à Djibouti après une longue traque des agents de la Direction générale des services extérieurs (DGSE). Il est soupçonné d'avoir joué un rôle auprès de Chérif Kouachi, l'un des assaillants de *Charlie Hebdo*, le 7 janvier 2015 à Paris. Ce dernier était lui aussi un membre de la filière des Buttes-Chaumont.

Je ne savais rien du parcours de Peter Cherif. Quelques mois après ma fuite, il a comparu libre à son procès et s'est évaporé dans la nature juste avant sa condamnation à cinq ans de prison pour sa participation aux combats dans les rangs d'Al-Qaïda en Irak.

Il aurait séjourné en Tunisie avant de partir pour le Yémen où il a rejoint les djihadistes d'Al-Qaïda dans la péninsule Arabique (AQPA). Là-bas, il aurait mis en relation Chérif Kouachi avec des cadres de l'AQPA qui ont missionné ce dernier pour s'attaquer à la rédaction de *Charlie Hebdo*. Peter Cherif est aussi soupçonné d'avoir surveillé trois otages français – des humanitaires – pendant leur détention au Yémen pour le compte de l'AQPA.

Peter Cherif ne s'est donc pas contenté d'être mon bourreau. C'est un terroriste, parmi les pires. Boubaker n'avait pas choisi mon « mari » au hasard.

J'avais refoulé les blessures qu'il m'avait infligées, désormais elles sont là, à vif, et ma colère est immense. Je voudrais qu'il soit condamné pour ce qu'il m'a fait endurer. J'aimerais avoir le courage de porter plainte, mais l'idée de traverser le parcours du combattant des victimes de viols m'en dissuade pour l'instant. Je redoute de nouveaux séjours au commissariat, de nouveaux interrogatoires. Je ne supporterais pas que ma parole soit mise en doute, quelles qu'en soient les raisons.

À l'automne 2023, j'ai aperçu dans une galerie commerciale sa mère, Sarah. Elle ne m'a pas reconnue. Je l'ai suivie de loin, le cœur battant, avant de trouver le courage de l'aborder. Je rêvais d'être forte, de la confronter à sa lâcheté, elle qui a participé à ma séquestration et ne s'est jamais opposée à son fils malgré les preuves évidentes de sa violence à mon égard. Mais face à cette femme, j'avais de nouveau 17 ans ; je n'ai réussi qu'à échanger quelques propos anodins. Je suis restée sans voix lorsqu'elle m'a affirmé d'un ton assuré : « Ta destinée, tu ne peux pas la maîtriser, c'est Allah qui t'envoie des épreuves. C'est ainsi. »

J'ai étouffé mes pleurs et ma rage devant tant d'hypocrisie et je l'ai quittée poliment. Comment peut-on se cacher ainsi derrière Dieu pour fuir ses responsabilités ?

Bientôt, j'irai au procès de Peter Cherif devant la cour d'assises spécialement composée où il sera jugé pour association de malfaiteurs terroristes. J'ai reçu une convocation en tant que témoin ; c'est une nouvelle épreuve à laquelle je me prépare et je suis impatiente de m'y confronter.

À la barre, je veux croiser son regard, cette fois je ne baisserai pas les yeux.

CHAPITRE 38

Cartes sur table

Dès que Salah a mis le pied sur le sol français, mon avocate a engagé les procédures nécessaires pour que j'obtienne son droit de garde et, dans un premier temps, un droit de visite médiatisé. Je n'aurais jamais imaginé combien elles seraient longues et me projetteraient à nouveau dans mon passé. Je devais porter une dernière fois le poids de mon nom, de ma famille et de mon frère Boubaker.

Rapidement, j'obtiens un rendez-vous avec la juge en charge du dossier. J'appréhende cette rencontre après mes multiples gardes à vue en Tunisie puis mes quatre-vingt-quatorze heures passées à la DGSI ; je ne peux me défaire d'un sentiment de culpabilité pour des actes qui ne sont pourtant pas les miens. L'institution judiciaire m'apparaît telle une grande dame hostile, prête à me renvoyer en cellule au premier mot de travers.

Pendant que je patiente dans la salle d'attente du palais de justice aux côtés de mon avocate, je suis envahie par l'angoisse, je regarde la porte d'entrée, hésitant à amorcer un demi-tour et à partir en courant. Trop tard : la juge se présente en personne pour nous guider jusqu'à son bureau.

Je découvre devant moi une femme d'une quarantaine d'années, de petite taille, qui me serre la main, parle normalement et me sourit. En une fraction de seconde, je me détends, mes idées deviennent claires : je n'ai rien à me reprocher, je ne suis pas ici en tant qu'accusée. Cette évidence m'avait échappé.

Une fois que nous sommes installées dans son bureau, la conversation s'engage. Je scrute son regard et les expressions de son visage. Tout dans cette femme me rassure. Je croyais vivre un interrogatoire, il n'en est rien. Elle attend que je lui parle de moi, sans pression, sans injonction d'aucune sorte. Je suis même agréablement surprise de partager quelques sourires avec elle en racontant des anecdotes sur mon parcours et mes attentes.

La discussion s'achève, elle me pose une dernière question :

« Avez-vous quelque chose à ajouter ? »

Je saisis l'occasion, je me lance, solennelle :

« Madame la juge, moi c'est Fatma A. Pas Boubaker el Hakim, pas mes frères, pas ma mère. Moi, c'est moi. Je ne veux pas qu'on m'associe à eux dans ce dossier. »

Un bref silence s'installe.

« J'ai bien compris ce que vous me dites, madame A. Il faut que vous soyez patiente. Sachez que l'intérêt de votre neveu est notre priorité. »

Le sort de Salah est désormais entre les mains de la PJJ, la Protection judiciaire de la jeunesse. Elle a placé mon neveu dans une famille d'accueil, le temps d'examiner ma demande. Je perçois cette décision comme une injustice : pourquoi installer Salah chez des inconnus alors que je suis sa famille et que je suis prête à lui offrir tout ce que je possède ? Au fil du temps, je comprendrai les bienfaits de cette mesure.

Désormais, plusieurs fois par mois, j'ai rendez-vous à la PJJ pour rencontrer une psychologue, deux éducatrices et une assistante sociale. Ma sœur m'a conseillé de me méfier, de peser mes mots en leur présence, se référant à son expérience difficile avec cette institution pour conserver la garde de sa fille depuis sa mise en examen et son contrôle judiciaire.

Dès ma première entrevue, je choisis instinctivement de ne pas suivre ses conseils. Je ne suis pas ma sœur. Sans détour, j'annonce aux professionnels de l'enfance ma démarche : « Écoutez, je vais être transparente, je ne veux pas jouer un rôle avec vous. Si vous considérez que, pour le bien de mon neveu, il ne doit pas vivre avec moi, c'est que vous avez raison. Ce n'est pas grave, il y aura du bien derrière tout ça. Je ne veux pas vous plaire en vous baratinant, que vous pensiez que Salah serait bien avec moi pour de mauvaises raisons. »

C'est sur cette base de discussion que commence pour moi un long travail, parfois lourd émotionnellement. Je dois revenir sur toute mon histoire familiale et mes accidents de vie. C'est nécessaire à la reconstruction de mon neveu, me dit-on, ce récit est aussi un peu son histoire.

Lorsque certains souvenirs – les plus traumatisants ou les plus anciens – m'échappent, monte encore en moi ce sentiment de culpabilité dont j'ai tant de mal à me défaire : éducatrices, psychologue, assistante sociale… ne vont-ils pas croire que je tente d'occulter certaines informations, que je mens ?

Je ne cache pourtant rien : je raconte en détail l'emprise de mon frère puis de Peter Cherif, mes rapports fusionnels et ambigus avec ma mère. Ma dépendance à la cocaïne, ma dépression, ma vie d'errance pendant trois ans loin de mes enfants restés en Tunisie. Je livre tout, peut-être trop ?

À la sortie de l'un de ces rendez-vous, je suis soudain prise de panique. Est-ce que la PJJ ne risque pas de me juger et de m'enlever mes enfants ? Mon avocate me rassure en quelques phrases : « Mais ça ne va pas, madame A. ? Qu'est-ce qui vous arrive ? Il n'y a aucune raison que l'on vous enlève vos enfants ! »

Les professionnelles de la PJJ n'ont pourtant de cesse de me rassurer et de me répéter : « Madame, la mesure n'est pas contre vous, on est là pour que votre neveu vous voie dans les meilleures conditions. »

Je prends conscience que le chemin est long pour me défaire moi-même du nom de Boubaker el Hakim et me dissocier de l'héritage détestable de ma famille.

Vient le jour où l'éducatrice et l'assistante sociale visitent mon logement afin de s'assurer que je suis en capacité d'accueillir Salah. J'attendais ce rendez-vous avec impatience, je sais que mon appartement répond à toutes les exigences requises et je veux leur montrer que je suis prête.

À peine ont-elles franchi le seuil de mon domicile que, telle une bonne élève, je les guide vers la cuisine, le salon, les chambres… Je leur montre les cache-prises, les produits d'entretien que j'ai placés en hauteur, comme si mon neveu était encore un bébé susceptible de boire de la Javel alors qu'il a 9 ans. Sous leurs yeux médusés, j'ouvre en grand les placards afin qu'elles puissent fouiller leur contenu. Je me comporte comme si j'étais en pleine perquisition. « Madame, vous n'avez pas besoin de nous ouvrir les placards ! Nous ne sommes pas de la police ! », m'explique l'assistante sociale avec un sourire.

Ses mots apaisants me tranquillisent, je m'étonne moi-même de mon comportement suspicieux à l'égard de ces deux femmes que je connais pourtant déjà bien et avec qui j'ai noué une certaine confiance. Oui, je ne suis toujours pas débarrassée de cette satanée culpabilité.

Mon compagnon engage tranquillement la conversation avec l'assistante sociale.

« Comment envisagez-vous l'arrivée de Salah dans votre foyer ?

– Je ne peux pas vous dire, madame, comment cela se passera tant que je ne l'ai pas rencontré. Je ne le connais pas. »

Cette réponse spontanée et si honnête de Driss me bouleverse. Je comprends que, moi non plus, je ne sais pas qui est Salah et que mes attentes sont peut-être démesurées.

Je projette sur cet enfant toute ma famille disparue ; passer par ce travail avec la PJJ avant d'envisager la garde de Salah est donc nécessaire, à n'en pas douter. Je dois aimer cet enfant pour ce qu'il est et non pas pour ce qu'il représente : des êtres chers dont je dois faire le deuil, quelles que soient les blessures qu'ils m'ont infligées.

À partir de cette visite, mon impatience s'efface et laisse place à un travail de fond sur moi-même. J'ai besoin de temps pour stabiliser ce que j'ai construit : mes liens avec mes enfants, avec mon compagnon, mon projet professionnel…

Mes rendez-vous à la PJJ se sont espacés, j'ai quelques informations rassurantes sur mon neveu : il va à l'école, il joue comme n'importe quel petit garçon. J'ai enfin pu lui transmettre un courrier accompagné de photos de mes enfants et de mon compagnon :

Salah,

J'espère que tu vas bien. C'est moi ta tante Fatma qui t'écris cette lettre pour te dire que je t'aime très

fort, que chaque jour qui passe je pense à toi. Moi, mon mari, mes trois enfants, on parle toujours de toi à la maison. On pense déjà aux sorties que l'on fera ensemble, tu sais que toi tu as le même âge que mon fils.
C'est normal que ça prenne du temps, mais ne t'inquiète pas, le plus difficile est passé. Maintenant, il ne reste plus beaucoup de temps avant que je te voie bientôt. Je t'aime très fort et on sera toujours là pour toi. J'ai tout fait pour que tu sois ici et sache que je ferai encore plein de choses pour toi. Tu as tes cousins et aussi on a une chienne à la maison, elle s'appelle Lara et elle est très gentille, elle aime beaucoup les câlins et adore jouer au ballon et, surtout, elle adore le fromage. Nous sommes ta famille et tu fais partie de nos vies pour toujours.
Je t'aime fort, Salah, et j'attends avec impatience de te prendre dans mes bras et de te serrer très fort.

CHAPITRE 39

… et moi

La bulle dans laquelle je me maintenais a éclaté. J'essaie de comprendre, je m'informe sur tout ce qui a trait au djihadisme : documentaires, livres, articles de journaux. Je ne fuirai plus devant la réalité de ce que furent mon frère, ma mère et tous ceux qui ont pu à un moment les rejoindre dans leur fascination pour le djihad. Quitte à mettre au jour mes propres ambiguïtés à l'égard de Boubaker en qui j'ai refusé, un temps, de voir un assassin, un terroriste.

Poussée par ce besoin de vérité, je franchis au printemps 2024 le portillon de sécurité du palais de justice de Paris pour assister au procès en correctionnelle de ma sœur mise en examen à la sortie de notre garde à vue en 2016. En tant que « revenante » de Syrie, elle est poursuivie pour « participation à une association de malfaiteurs en vue de la préparation d'un acte de terrorisme » et « soustraction par un parent à ses obligations légales compromettant la santé, la sécurité, la moralité ou l'éducation de son enfant ». Ces charges lourdes pèsent telle une épée de Damoclès sur son avenir et celui de sa fille de 14 ans, suivie depuis leur retour de Syrie par un psychologue. Ma nièce a réintégré facilement l'école après dix mois d'absence, elle est une bonne élève, elle a tout à perdre si sa mère est condamnée à de la prison ferme. Ces charges pèsent également sur moi : je ne peux imaginer ma nièce placée dans une famille d'accueil, ma sœur en prison avec le risque qu'elle soit expulsée de France (elle est de nationalité tunisienne). Ne serait-ce pas donner à Boubaker une ultime reconnaissance ? Même mort, il réussirait encore à faire plonger notre sœur et sa fille.

Ce serait un tel gâchis, je préfère croire en la justice française, je n'ai pas le choix.

Je m'assois dans l'une des travées de la salle d'audience à moitié vide. J'espère enfin entendre le récit de Yasmina sur son séjour à Raqqa. Expliquera-t-elle dans le détail quel fut son quotidien, celui de ma mère et de mes deux frères sous l'État islamique ? Quel était le rôle assigné à Ali ? Était-il réellement un combattant de Daech ?

Depuis que j'ai renoué avec Yasmina, elle ne m'a donné que des bribes d'informations sur ce qu'elle a vécu là-bas. J'ai compris qu'elle ne souhaitait pas s'appesantir sur cet épisode, elle qui depuis huit ans a tout mis en œuvre pour reconstruire sa vie avec sa fille et s'est réinsérée professionnellement avec un certain succès.

Durant trois heures, interrogée par la présidente du tribunal, Murielle Desheraud, qui auparavant est revenue longuement sur notre contexte familial, Yasmina décrit les conditions de son départ, son arrivée à Raqqa et sa fuite. Certaines parties de son témoignage interrogent la juge, notamment les raisons qui l'ont amenée à rejoindre mon frère, clairement identifié comme un dangereux terroriste. Yasmina affirme qu'elle aurait été piégée par ma mère : elle l'aurait convaincue, lorsqu'elles étaient en vacances en Algérie, de partir en Turquie, croyant que Boubaker était mourant. Arrivée sur place, ma sœur n'aurait pas eu d'autre choix que de franchir la frontière et d'entrer en Syrie où l'attendaient Boubaker avec sa fille de 4 ans, remise entre ses mains par ma mère. Mon frère lui aurait annoncé : « Maintenant, ta fille, c'est la fille de Daech. »

La présidente est dubitative, elle questionne ce scénario et je suis persuadée que vous-même, en lisant ces lignes, vous avez des doutes. Vous ne connaîtrez jamais la vérité et moi non plus.

Tout ce que je peux vous affirmer aujourd'hui, c'est que ma sœur, à peine arrivée à Raqqa, n'a cessé de vouloir échapper à l'État islamique pour sauver sa vie et, surtout, sauver ce qu'elle a de plus cher au monde : la vie de sa fille. Je le sais, tous les messages qu'elle a pu m'envoyer à cette période en témoignent : elle n'a jamais adhéré au projet de Daech.

Yasmina dépeint un séjour à Raqqa chaotique, ponctué de tentatives de fuite ; la première, à peine quatre mois après son arrivée, aurait pu lui coûter la vie. Je n'en connaissais pas les détails, ils apportent un nouvel éclairage terrifiant sur le degré de fanatisme de Boubaker, mais aussi d'Ali et de ma mère.

Lors de cette première tentative d'évasion, Yasmina a été reconnue et arrêtée par un émir de Daech au moment de passer un barrage de sécurité. Boubaker et Ali sont venus la chercher et la ramener à leur domicile. Après avoir demandé à ma mère de sortir de la maison avec ma nièce et les enfants d'Ali, Boubaker a interrogé violemment Yasmina afin d'identifier qui l'avait assistée dans sa fuite. Ma sœur a refusé de lui livrer les noms de ses contacts, ils risquaient la peine de mort pour l'avoir aidée. Devant son silence, mon frère l'a battue et l'aurait étranglée si sa femme n'était pas intervenue *in extremis*. Boubaker a alors sorti son arme et a mis le canon sur la tempe de Yasmina, prêt à tirer.

Je ne suis pas étonnée de ce qu'elle décrit du comportement de mon frère, j'ai toujours su qu'il pourrait tuer un membre de notre famille si nécessaire. Un détail dans le récit de ma sœur m'a en revanche dévastée : ma mère et Ali ont eux aussi décrété que ma sœur méritait la mort pour trahison.

Ma mère… notre drame à toutes deux, et peut-être plus encore celui de Yasmina. Devant les juges, elle a confié : « Ma mère ne me voyait pas, je voulais qu'elle m'aime […]. Elle a eu cinq enfants mais, en fait, elle n'en a eu qu'un seul. »

Ma sœur aînée n'aura eu la vie sauve en Syrie que grâce à sa présence d'esprit : elle a supplié Boubaker de régler son cas devant un juge de l'État islamique. Mon frère a accepté, son statut de haut cadre de Daech l'obligeait sans doute à respecter la loi en vigueur sous le califat.

Le juge islamique a reproché à Boubaker d'avoir voulu se faire justice lui-même au vu des violences qu'il avait imposées à ma sœur. Un accord entre eux a été trouvé : Yasmina serait relâchée, mais elle devait se marier afin de sauver l'honneur de la famille et de décharger Boubaker de sa responsabilité. Elle s'est exécutée à deux reprises, épousant deux hommes avant de parvenir enfin à fuir avec sa fille.

Yasmina a été condamnée à quatre ans de prison dont dix-huit mois ferme à accomplir sous bracelet électronique. Elle ne sera pas expulsée de France. La présidente a précisé que le tribunal de Paris avait tenu compte à la fois de « la gravité des faits », mais aussi de « la vie familiale » et de son « parcours personnel » depuis son interpellation en 2016. Elle a salué son « insertion professionnelle » et sa « forte présence » auprès de ma nièce.

Ce jugement m'a retiré un poids énorme, je craignais tant qu'à la fin de l'audience Yasmina soit incarcérée ; elle était venue avec sa valise, prête à assumer la sentence. Les juges ont peut-être compris que ce serait un énorme gâchis pour sa fille ; enfin un peu de raison au milieu de toutes ces cendres.

Ce procès aurait pu nous réconcilier, il n'en a rien été. Il a creusé un peu plus le fossé qu'il y avait entre nous. Certainement parce que, lors de l'audience, la présidente du tribunal a cité mes déclarations à la DGSI pour confronter ma sœur à ses propres contradictions, rappelant notamment que je n'avais jamais fait état d'un piège tendu par ma mère pour rejoindre Daech. Que, contrairement à Yasmina, j'avais coupé les liens avec Boubaker pendant ses sept ans de détention en France.

Je ne tire aucune fierté d'avoir été la dissidente que ma sœur n'a pas su, pu être. J'ai fait comme je pouvais. Je ne regrette rien, ce livre en témoigne. Pour échapper aux miens, il fallait aussi qu'en quelque sorte, de par mes actes et mes propos que j'estime sincères, je les trahisse.

Je suis triste de cette tension entre nous deux, Yasmina est le dernier membre qu'il me reste de ma fratrie.

Je ne crois pas revoir un jour Ali, voilà deux ans que je n'ai plus aucune nouvelle de lui. Il est peut-être mort. Panorama, la prison où il est probablement détenu près de la ville d'Hassaké, est victime d'une épidémie de tuberculose. En août 2023, des représentants des Forces démocratiques syriennes ont affirmé qu'un pourcentage très élevé d'hommes et de garçons était infecté, et qu'un ou deux mouraient chaque semaine de la maladie. Ils ont confirmé qu'ils ne traitaient pas les cas actifs et n'isolaient pas les malades. Si elle n'est pas soignée, la tuberculose est mortelle dans 50 % des cas.

Je continue malgré tout à tenter d'obtenir des informations auprès des avocats qui se battent pour le rapatriement des Français détenus en Syrie, je le dois à mon neveu Salah.

CHAPITRE 40

Bas les masques

« Bouge-toi, Fatma, bouge-toi ! » En pleurs, les deux mains agrippées au lavabo des toilettes du palais de justice de Paris, je cherche dans le son de ma voix et le reflet de mes yeux dans le miroir le courage qui vient à l'instant de me manquer.

J'ai échoué. Je n'ai pas réussi à aller au-delà de la porte de la salle d'audience de la cour d'assises où je suis appelée à témoigner au procès de Peter Cherif. Tout juste ai-je eu le temps d'apercevoir les dizaines de robes noires sur les bancs de la partie civile, de deviner les visages inconnus tournés vers moi, avant d'être prise de panique et de faire demi-tour en sanglotant : « Je ne peux pas. Je ne peux pas... »

L'audience est suspendue.

C'est mort, je n'irai pas ! Après tout, j'ai le droit de ne pas avoir ce courage-là, non ?

J'ouvre le robinet. Sans réfléchir, j'asperge mon visage à grande eau, je frotte méticuleusement ma peau et mes yeux avec un mouchoir pour ôter toute trace du maquillage que je me suis appliqué avec soin ce matin en prévision de ce rendez-vous. J'ai un besoin irrépressible d'ôter ce masque de poudre et de mascara pour sentir ma peau nue, sans artifice. « Bouge-toi, Fatma ! »

Dans un état second, je retourne dans la salle d'attente des témoins. Mon avocate est là aux côtés de Driss, les policiers ont accepté de le laisser entrer. Je veux me jeter dans ses bras, mais il m'arrête d'un geste : « C'est maintenant ou jamais Fatma, tu vas le regretter si tu n'y vas pas. Il faut que tu témoignes. » De son français teinté d'accent tunisien, sans me lâcher du regard, il explique calmement à mon avocate : « Depuis seize ans, elle a un point noir dans le cœur, il faut qu'il sorte. Elle ne peut pas le garder. »

Il a raison. Ne m'étais-je pas promis de ne pas baisser les yeux devant Peter Cherif ? La petite fille terrorisée s'efface devant la femme de 33 ans qui ne veut plus céder à la peur. « Allez, bouge-toi ! »

Je me lance au milieu de la salle d'audience jusqu'au pupitre de cette cour d'assises aménagée spécialement pour les crimes terroristes depuis le procès des attentats du 13 novembre 2015. Je jette un rapide coup d'œil à Peter Cherif placé à ma gauche dans le box des accusés, protégé par une épaisse vitre blindée. Il cache son visage derrière un masque chirurgical, je ne parviendrai pas à saisir son regard derrière ses lunettes. Je décide de lui tourner le dos.

La présidente, Frédérique Aline, entre rapidement dans le vif du sujet :

« Avez-vous vécu en concubinage avec Peter Cherif ?

– Oui, quand j'étais mineure. »

Le ton est donné, un lourd silence envahit la salle et m'invite à poursuivre. Mes mots s'enchaînent, ma voix se casse parfois sous l'émotion, je me raccroche à un mouchoir que je plie et déplie devant moi. Je raconte cette histoire que vous connaissez désormais, un peu dans le désordre, comme je peux. Ce mariage religieux décidé par mon frère et ma mère, la violence de Peter Cherif, les viols, cette solitude immense : « J'étais toute seule [...], c'est toute seule que je me suis enfuie. » Pour la première fois, je peux enfin transmettre mon désarroi face aux institutions de la République qui m'ont abandonnée. « Quand j'étais déscolarisée, on aurait dû le voir qu'une gamine de 11 ans n'allait plus à l'école, portait un voile intégral noir, ne sortait plus de chez elle. »

Je souhaite que cette cour devant moi comprenne, que les journalistes, les avocats, le public, tous visualisent ce que c'est d'être la petite sœur de Boubaker el Hakim et l'épouse de son compagnon d'armes. « J'étais jeune, je ne savais même pas que j'avais le choix, le mot "choix" n'existe pas chez nous, c'est Boubaker qui décide. »

Je veux aussi que Peter Cherif entende clairement qui je suis aujourd'hui, une femme libre qui ne se taira plus : « J'ai une très belle vie. J'ai une chienne malinois, je regarde la télé quand je veux. Si je veux boire un verre de vin, je bois, fumer, je fume. Si je veux danser, je danse. Aujourd'hui, je suis gagnante. Là où je suis et là où ils sont. »

Je devance une question qui me hante : pourquoi n'ai-je jamais porté plainte contre mon frère et contre Peter Cherif ?

« Le monde entier a peur d'eux ! Qu'est-ce que je peux faire, moi ?

– Vous avez trouvé la force de venir, me rassure la présidente.

– C'est parce qu'on m'a appelée à témoigner. Mais, honnêtement, ça me saoule, mais ça me saoule incroyable de venir pour lui, j'aurais pu être chez moi à jouer avec ma chienne. Là, il est à ma gauche, ça me saoule d'une force... »

Quelques rires fusent dans la salle.

Un peu plus tard, l'un des avocats de la partie civile me glisse délicatement : « Madame, ce n'est pas pour Peter Cherif que vous êtes là, c'est pour les parties civiles, c'est pour les victimes et nous vous en remercions. »

« C'est nous qui vous avons demandé de venir, vous êtes là pour ce tribunal », ajoute l'avocat général.

Mais comment ai-je pu l'oublier ? J'ai tout à coup un peu honte. J'étais tellement focalisée sur Peter Cherif, sur mon histoire et ce mariage détestable que je suis passée à côté de l'essentiel : la justice, la vérité. Je suis là pour tous ceux qui ont souffert et souffrent encore des actes de cet homme derrière moi, soupçonné d'avoir participé au Yémen au recrutement de son ami d'enfance, Chérif Kouachi, pour commettre un attentat contre *Charlie Hebdo*. Je ne suis pas là uniquement pour exorciser mes démons, c'est bien plus que ça.

« Que pensez-vous du fait que Peter Cherif se décrive comme un "protecteur des musulmans" ?

– Un quoi !

– Un protecteur.

– Ces gens-là, ils ont bousillé l'islam, les musulmans, les femmes voilées... Ils ont bousillé des familles, des enfants, des femmes... »

Mes paroles contre Peter Cherif et Boubaker sont dures, sans concession. Je perçois le risque d'amalgame entre ces terroristes et la communauté musulmane dont je fais partie, moi qui suis croyante. À l'avocat de *Charlie Hebdo*, Richard Malka, qui me demande si Peter Cherif m'imposait le voile par « piété » ou s'il s'agissait d'un « instrument de pouvoir pour imposer sa loi », c'est donc sans hésitation que je lui réponds : « Pour m'imposer sa loi ! Il m'obligeait, mais sans jamais m'expliquer pourquoi. [...] Il ne faut pas confondre l'islam avec ces personnes. Ces gens ont la haine dans le cœur, ils ne regardent le Coran que pour voir ce qui a un rapport avec la guerre. Où est la sagesse ? »

Je sens dans mon dos les avocats de Peter Cherif s'agiter. Mon témoignage écorne l'image lisse que leur client, costume gris et chemise blanche, tente de donner depuis le début du procès. J'ai mis en lumière les liens qu'il a entretenus avec mon frère dont le parcours terroriste n'est plus à prouver.

La présidente se tourne vers Peter Cherif : « Avez-vous quelque chose à ajouter ? »

Depuis le début de son procès, il a refusé de s'exprimer, je ne m'attends donc pas une réaction de sa part, pourtant, pour la première fois, il prend la parole :

« Je remercie Mme A. de m'avoir mis face à ma réalité. Je tiens devant vous tous et devant toute la France à lui présenter mes excuses [...]. Mme A. a subi effectivement certaines pressions de la part de sa famille et de moi-même, nous lui avons imposé un islam qui est en contradiction avec ce qu'enseigne notre saint prophète [...]. C'est grâce à Dieu, aujourd'hui, que je peux lui dire : nous avons été injustes envers toi, injustes envers les musulmans, injustes envers les hommes [...]. Je la remercie de m'avoir humilié. L'humiliation en public est une richesse. Au regard de tout ce temps que j'ai passé en détention, de mes lectures, il est obligatoire pour moi de condamner ce passé. Je vais être sincère : je n'attends rien de ce procès. Peu importe la peine que vous allez demander, c'est pour moi l'occasion d'assumer mes erreurs. »

Ses excuses sont ambiguës, car lorsque, un peu plus tard, la cour l'interroge sur les faits que je lui reproche, Peter Cherif conteste l'essentiel. Il nie les viols, la séquestration, les violences, tout au plus reconnaît-il une « gifle » et m'invite à porter plainte. Je n'ai pas la présence d'esprit de lui rappeler que je n'ai pas besoin de son avis pour engager des poursuites. Cet homme caché derrière son masque chirurgical aimerait contrôler encore la situation, mais elle lui échappe. J'ai décidé quelques semaines auparavant de porter plainte pour viol. Je le dois à mes enfants. Quelle image auraient-ils de moi si je capitulais devant la violence d'un terroriste ?

J'ai compris que je devrais vivre avec mon passé encore longtemps, rien ne sert d'essayer de l'éviter. À la sortie du tribunal, sur les marches du palais de justice, je profite de l'air doux de cette fin d'été. Je ris avec mon compagnon, je revis, je me sens tellement soulagée d'avoir pu témoigner. Soudain, deux hommes viennent m'aborder discrètement. Le premier, Georges Salines, m'explique qu'il a perdu sa fille de 28 ans, Lola, dans les attentats du Bataclan. Le second, Simon Fieschi, est le webmaster de *Charlie Hebdo*. Il s'appuie sur une canne, il est lourdement handicapé depuis qu'il a essuyé les balles des Kouachi. Il est le premier à la rédaction du journal sur qui les terroristes ont tiré. Tous deux me remercient pour mon témoignage, je suis bouleversée. Je sens sur mes épaules le poids des crimes de mon frère, de cette filière des Buttes-Chaumont dont je ne sais finalement pas grand-chose. J'aurais aimé donner à ces hommes qui ont tant souffert des réponses à leurs questions. Je ne peux que serrer instinctivement Simon Fieschi dans mes bras et lui offrir mes larmes.

Quelques minutes plus tard, après que nous nous sommes quittés, je l'observe remonter difficilement les marches du tribunal. Il se retourne soudain et nos regards se croisent une dernière fois. Je perçois dans ses yeux une tristesse si profonde qu'elle me hante aujourd'hui et pour toujours.

Peter Cherif est condamné à la perpétuité.

Je suis accoudée au balcon de mon appartement, un café à la main. Je contemple les arbres et la vue de la ville au loin. En bas, dans le jardin, mes enfants jouent avec la chienne, leurs rires me parviennent et je souris. Je dois payer l'Urssaf, mon loyer, économiser pour partir en vacances quelques jours, je dois inscrire les enfants à l'école pour la rentrée prochaine, bientôt les plus grands seront en sixième, la plus jeune en maternelle. J'ai les mêmes soucis que tout le monde, les mêmes joies. Serais-je enfin devenue comme tout le monde ?

Jamais je n'ai cessé de croire en Dieu, je le prie chaque jour. J'espère que mon histoire ne se résume plus seulement à mon histoire familiale traversée de violences et d'assassinats injustifiables. Qu'elle est telle cette ligne de vie au creux de ma paume, rompue à ses débuts, qui réapparaît un peu plus loin pour se poursuivre et disparaître on ne sait où, loin.

Remerciements

Merci à Hélène Lam Trong et Céline Martelet qui ont permis notre rencontre.

Merci à Ann-Sarah pour ses remarques constructives et enthousiastes.

Merci à Chloé pour son amitié.

Merci à Mohamed pour son soutien constant.

Table

RÉALISATION : NORD COMPO À VILLENEUVE-D'ASCQ
ACHEVÉ D'IMPRIMER SUR ROTO-PAGE
PAR L'IMPRIMERIE FLOCH À MAYENNE
DÉPÔT LÉGAL : JANVIER 2025. N° 156360 (105900)
IMPRIMÉ EN FRANCE